Objectif EXPRESS 2
Le monde professionnel en français

Béatrice TAUZIN, Anne-Lyse DUBOIS, Sylvie PELTIER
Avec la collaboration de Séverine IZQUIERDO-QUILICHINI

CAHIER D'ACTIVITÉS

Couverture et création de la maquette intérieure : **Véronique Lefebvre**
Mise en pages : **Médiamax**
Illustrations : **Xav'**
Édition : **Sarah Billecocq**
Enregistrements : **Studio Quali'sons, David Hassici**
Crédits photographiques : **© Shutterstock**

ISBN : 978-2-01-401576-8

© Hachette Livre 2016, 58 rue Jean Bleuzen, CS 70007, 92178 Vanves Cedex.

Tous droits de traduction, de reproduction et d'adaptation réservés pour tous pays.
Le code de la propriété intellectuelle n'autorisant, aux termes des articles L.122-4 et L.122-5, d'une part, que « les copies ou reproductions strictement réservées à l'usage privé du copiste et non destinées à une utilisation collective » et, d'autre part, que les « analyses et les courtes citations » dans un but d'exemple et d'illustration, « toute représentation ou reproduction intégrale ou partielle, faite sans le consentement de l'auteur ou de ses ayants droit ou ayants cause, est illicite ». Cette représentation ou reproduction, par quelque procédé que ce soit, sans autorisation de l'éditeur ou du Centre français de l'exploitation du droit de copie (20, rue des Grands-Augustins, 75006 Paris), constituerait donc une contrefaçon sanctionnée par les articles 425 et suivants du Code pénal.

SOMMAIRE

Unité 1 — Rencontrez vos nouveaux collaborateurs
- **A** Bienvenue ! 4
- **B** C'est parfait ! 6
- **C** Nouveau bureau 9
- **D** Une intégration réussie 12

Unité 2 — Faites connaître vos produits et services
- **A** Il est pratique ! 15
- **B** Elles en donnent plus ! 17
- **C** Livraison à domicile 19
- **D** Nous nous occupons de tout ! 21

Entraînement au DELF Pro A2 24

Unité 3 — Organisez votre travail
- **A** En tournée 27
- **B** Bien s'organiser au travail 29
- **C** Problèmes d'organisation 31
- **D** Une réunion importante 33

Unité 4 — Vendez vos produits et services
- **A** Une étude de marché 38
- **B** Une offre intéressante 39
- **C** Excellentes conditions de vente 42
- **D** Fiche pratique 44

Entraînement au DELF Pro B1 47

Unité 5 — Partez à l'international
- **A** Expérience valorisante 50
- **B** Un déplacement bien organisé 52
- **C** Vols perturbés 54
- **D** Retour de mission 56

Unité 6 — Participez à des événements professionnels
- **A** Question d'organisation 60
- **B** Vous êtes invité(e)s 62
- **C** Bienvenue ! 64
- **D** Un bilan intéressant 66

Entraînement au DELF Pro B1 70

Unité 7 — Travaillez en collaboration
- **A** Tempête de cerveaux 73
- **B** Document partagé 76
- **C** Il faut qu'on s'arrange ! 78
- **D** Un séminaire utile ! 79

Unité 8 — Gérez les ressources humaines
- **A** Question de clauses 82
- **B** Il faut qu'on parle ! 85
- **C** Objectifs atteints ? 87
- **D** Je m'en vais 89

Entraînement au DELF Pro B1 92

Unité 9 — Traitez des litiges
- **A** Au service après-vente 95
- **B** Rien ne va plus 97
- **C** Avec toutes nos excuses 100
- **D** Mauvais payeurs 102

Unité 10 — Participez à des projets
- **A** Recherchons chef de projet 106
- **B** Un projet bien cadré 107
- **C** Une réunion de validation 110
- **D** Témoignages utiles 112

Entraînement au DELF Pro B1 116

Unité 11 — Informez / Informez-vous
- **A** Salariés en colère ! 119
- **B** À la une 122
- **C** Je fais le point ! 124
- **D** Débat d'idées 126

Unité 12 — Rendez compte
- **A** Un entretien exclusif 129
- **B** Un audit explicite 131
- **C** C'est bon à savoir 134
- **D** Ça peut t'intéresser ! 136

Entraînement au DELF Pro B2 139

Corrigés 143

Alphabet phonétique 159

Unité 1 — Rencontrez vos nouveaux collaborateurs

A Bienvenue !

GRAMMAIRE

↘ *Outil ling. n° 1 p. 18*

1 Premier jour de stage

■ **L'impératif**

Mémo

Attention : à l'impératif, les verbes en **-er** ainsi que les verbes **aller**, **offrir** et **ouvrir** ne prennent pas de **-s** à la 2ᵉ personne du singulier. Ex. : ent**re**, v**a**, off**re**, ouv**re**.

Donnez des conseils à une personne que vous tutoyez puis à une personne que vous vouvoyez. Utilisez l'impératif.

1. Être à l'heure au travail : ....
2. Se présenter aux collègues : ....
3. Prendre des notes en réunion : ....
4. Faire le tour des services : ....
5. Retenir le nom des collègues : ....
6. Ne pas tutoyer les collègues tout de suite : ....
7. Ne pas s'asseoir sans invitation du supérieur : ....
8. Ne pas répondre à des SMS pendant une réunion : ....
9. Lire les notes de service : ....
10. Aller déjeuner avec des collègues : ....
11. Se rappeler des rendez-vous : ....
12. Finir le travail dans les temps : ....
13. Ne pas avoir de retard dans les tâches : ....
14. Ne pas partir avant les collègues : ....
15. Se détendre après le travail : ....

COMMUNICATION

↘ *Retenez p. 11*

2 Nouvelle fonction

Remettez le dialogue entre collègues dans l'ordre.

a. ANNA : Enchantée, M. Girault.

b. MARC : Bonjour Anna. Excuse-moi de te déranger. J'ai besoin de toi pour accueillir notre nouveau chef de projet. Il prend ses fonctions aujourd'hui.

c. ANNA : Oh ! Excusez-moi, M. Girault. Vous pouvez repasser tout à l'heure ? J'ai des documents à vous donner.

d. M. GIRAULT : Ravi de vous rencontrer.

Unité 1   Rencontrez vos nouveaux collaborateurs

e. Marc : Toute l'équipe vous attend. Venez, nous allons faire le tour du service.

f. M. Girault : Oui, bien sûr. À tout à l'heure.

g. Anna : Ah, bonjour Marc. Juste un instant. Je finis un courriel et j'arrive.

h. M. Girault : Très bien. Je vous suis.

i. Marc : Bon, très bien. Ah, voilà M. Girault !... Bonjour, M. Girault. Bienvenue dans le service ! Je vous présente notre assistante Anna.

j. Anna : Oui, tout est prêt et j'ai prévenu tous les membres de l'équipe.

k. Marc : D'accord. Au fait, tu as bien mis à jour les dossiers à lui remettre ?

1	2	3	4	5	6	7	8	9	10	11
b	...	...	...	...	...	...	...	...	...	...

VOCABULAIRE

↘ *Retenez p. 11*

3 Une offre de stage

Complétez l'annonce avec les mots suivants : *actualiser, analyser, concevoir, contrat, développe, durée, missions, motivés, passionné, profil, recherche, rémunération, secteur d'activité, spécialisation.*

STAGE : CHARGÉ(E) DE TESTS FONCTIONNELS
APPY SA

(1) .... : Internet Multimédia   (2) .... : 6 mois

(3) .... : > de 800 €

Type de (4) .... : Stage conventionné

Localisation : Hauts-de-Seine (92)

Postulez par mail

L'entreprise :

Avec 20 ans d'expérience dans le domaine de la cartographie online, Appy SA est un acteur clé des services géolocalisés.

Appy conçoit, (5) .... et diffuse des services d'aide au déplacement : plans, itinéraires, recherche à proximité sur le web et le mobile.

(6) .... :

• Intégrer l'équipe Qualité Applicative de Appy et (7) .... les besoins du métier.

• (8) .... les tests fonctionnels.

• Contribuer à la planification des tests (planning, suivi).

• (9) .... les contenus des tests.

(10) .... :

Appy (11) .... des étudiants dynamiques et (12) .... par une spécialisation dans le domaine du test.

De formation BAC + 5 en école d'ingénieurs avec, si possible, une (13) .... en informatique, vous êtes (14) .... par les problématiques de performance et d'interface.

Unité 1 Rencontrez vos nouveaux collaborateurs

B C'est parfait !

GRAMMAIRE
↘ *Outil ling.*
n° 2 p. 18

4 Coup de main

■ Le présent de l'indicatif

Mémo
On emploie le **présent** avec *depuis* pour une action qui a commencé dans le passé et qui dure encore.

A. Conjuguez les verbes au présent dans le mail puis dites pourquoi on utilise le présent dans ces phrases. Notez à côté des emplois suivants le numéro des verbes correspondants.

Salut Marc,

Tes vacances se sont bien passées ?

Je (1. être) .... de retour au bureau depuis jeudi et, comme d'habitude, j' (2. avoir) .... plein de boulot à la rentrée !

Je (3. travailler) .... actuellement sur un projet de partenariat avec des entreprises chinoises et je (4. chercher) .... une personne qui (5. parler) .... chinois pour traduire des dossiers. Si tu (6. connaître) .... une personne qui peut m'aider, appelle-moi.

En ce moment, je (7. faire) .... beaucoup de missions et je (8. aller) .... souvent en Chine. Je (9. partir) .... en déplacement à Shanghai vendredi prochain mais on (10. pouvoir) .... se voir à mon retour si tu (11. vouloir) .... Je (12. revenir) .... à la fin du mois.

Bon, je te laisse. Je (13. devoir) .... partir en réunion dans 5 minutes et j'ai encore une fiche à finir.

Merci pour ton aide,

Franck

---

a. c'est une description : ....

b. c'est une action en cours d'accomplissement : ....

c. c'est une action répétée ou habituelle : ....

d. c'est une action future avec indicateur de temps : ....

e. c'est une action ou une situation commencée dans le passé et qui continue dans le présent :
....

f. c'est une suggestion ou une condition : ....

Unité 1 — **Rencontrez vos nouveaux collaborateurs**

COMPRÉHENSION

B. Relisez le courriel de Franck. Cochez vrai, faux on on ne sait pas.

	Vrai	Faux	On ne sait pas
1. Marc a passé de bonnes vacances.			
2. Franck a recommencé le travail.			
3. Franck a besoin d'un traducteur ou d'une traductrice.			
4. Marc demande de l'aide à Franck.			
5. Franck donne un rendez-vous téléphonique à Marc.			
6. Franck a de nombreux déplacements professionnels.			
7. Marc travaille à Shanghai.			
8. Mark et Franck vont se rencontrer.			
9. Franck s'en va pour un mois.			
10. Franck a une réunion.			

GRAMMAIRE

↘ *Outil ling. n° 3 p. 18*

5 Non, pas maintenant

■ **Le présent continu et le futur proche**

Conjuguez les verbes entre parenthèses puis complétez les phrases pour répondre aux questions des collègues.

Exemple : – Dépêche-toi, c'est l'heure de la réunion ! Tu viens ?
– Non, pas maintenant, *je suis en train de finir un dossier mais après je vais venir.*

1. – Vous assistez à la réunion ?

– Non, pas tout de suite, nous (mettre au point les équipements de sécurité) ....
.... mais ensuite nous ....

2. – Vous pouvez contrôler les procédures, maintenant ?

– Non, pas maintenant, je (rédiger la notice d'utilisation) ....
.... mais après ....

3. – Elle a pris un rendez-vous avec notre partenaire ?

– Non, pas encore, elle (vérifier l'agenda) ....
et après ....

4. – Est-ce que tu as réparé la machine en panne ?

– Non pas encore, je (étudier le problème) ....
et après ....

5. – Alain a vu le responsable qualité ?

– Non, pas encore, il (faire la visite des ateliers) ....
mais après ....

Unité 1 — Rencontrez vos nouveaux collaborateurs

COMMUNICATION
↘ *Retenez p. 13*

6 Tout va bien !

Associez chaque parole de collègue à la réponse qui convient le mieux.

1. Comment ça va avec les partenaires ?
2. Annie, tu as eu ton augmentation ?
3. Vous avez tout ce qu'il faut dans votre bureau ?
4. Je viens d'obtenir un poste à l'étranger.
5. Alors, qu'est-ce que tu penses de tes nouvelles fonctions ?

- a. Oui, c'est parfait !
- b. Oui, je suis très contente.
- c. Je fais un travail très intéressant !
- d. Ça se passe très bien !
- e. Je suis ravi pour vous.

GRAMMAIRE
↘ *Outil ling. n° 4 p 18*

7 Que d'événements !

■ Le passé composé

Mémo
Avec le passé composé, la négation se place avant et après l'auxiliaire *être* ou *avoir*.
Ex. : *Il n'est pas venu.*
Les adverbes de quantité et de qualité se placent en général avant le participe passé.
Ex. : *J'ai bien travaillé.*
Les adverbes de lieu et de temps et beaucoup d'adverbes en *-ment* se placent en général après le participe passé.
Ex. : *Il est parti tôt.*
Attention ! *Il est déjà parti.*

A. Conjuguez les verbes au passé composé et faites les accords, si nécessaire.

1. Il (lire) .... une offre d'emploi. Il (postuler) .... par courriel. Il (recevoir) .... une réponse positive. Il (se rendre) .... à un entretien d'embauche. Ça (se passer mal) .... Il (ne pas réussir) .... ses tests professionnels. Il (ne pas obtenir) .... le poste.

2. Je (passer) .... prendre mon collègue. Nous (aller) .... à la réception. Nous (accueillir) .... les visiteurs. J'ai (offrir) .... un café à tout le monde. J'ai (ouvrir) .... la porte de l'ascenseur. Nous (monter) .... jusqu'au 5ᵉ étage. Nous (parcourir) .... les couloirs. Nous (arriver) .... devant la salle de réunion. Nous (entrer) .... et nous (s'installer rapidement) .... pour commencer la présentation. La présentation (se dérouler bien) ....

3. Ils (aller) .... au Chili. Ils (négocier) .... un contrat. Ils (discuter beaucoup) .... avec le client. Le client (réfléchir longtemps) .... Ils (perdre malheureusement) .... le marché. Ils (retourner vite) .... au Chili. Ils (prévoir) .... des conditions plus intéressantes. Ils (pouvoir) .... faire une nouvelle offre. Ils (défendre bien) .... leurs propositions. Il (croire) .... remporter le marché mais l'offre (ne pas plaire) .... au client.

B. À vous, racontez une succession d'événements.

....
....
....
....
....

Unité 1 — **Rencontrez vos nouveaux collaborateurs**

c Nouveau bureau

GRAMMAIRE

↘ *Outil ling. n° 5 p. 19*

Mémo
Le pronom possessif s'accorde avec le nom auquel il se rapporte et varie selon les possesseurs.

8 Possessions

■ Les pronoms possessifs

Complétez les dialogues entre collègues avec les pronoms possessifs qui conviennent. (Plusieurs réponses sont parfois possibles.)

1. – C'est le bureau de l'assistante ?

– Oui, c'est ....

2. – Ce sont ses bagages ?

– Non, ce ne sont pas ....

3. – Vous avez vu, leurs bureaux sont aménagés en espace ouvert.

– Et .... , comment sont-ils agencés ?

4. – Le bureau de Corinne est au deuxième étage ?

– Non, ... est au quatrième étage.

5. – Je peux utiliser ton téléphone portable ?

– .... n'a plus de batterie.

6. Mon ordinateur ne fonctionne plus. Tu peux me prêter .... ?

7. Nos prix ont beaucoup augmenté. Chez nos concurrents, ... ont baissé ! On va perdre notre clientèle.

8. Est-ce que vous pouvez nous prêter des casques pour visiter le chantier ? Nous avons oublié ....

9. Je vous donne mon nouveau numéro de téléphone. Vous pouvez me communiquer .... ?

10. Ils ont acquis une nouvelle machine. .... est plus performante que .... qui est vieille.

COMMUNICATION

9 Devinettes

Trouvez le mot qui manque. Utilisez un adjectif possessif, si c'est nécessaire.

1. Je prends .... en juillet. Je vais en Espagne. Quand est-ce que tu prends les tiens ? Je dois préparer le planning des remplacements.

2. L'ambiance n'est pas bonne entre les collègues dans .... Et dans le vôtre, est-ce que ça se passe bien ?

3. Tu as encore .... à poser ? J'attends les tiennes pour compléter le sondage.

4. Sylvie, vous pouvez ranger .... dans l'armoire ? Je mettrai les leurs aux archives. On n'a pas assez de place ici.

5. Ton stage s'est bien passé ? .... est vraiment bien rédigé. Le mien est à relire.

Unité 1 — Rencontrez vos nouveaux collaborateurs

GRAMMAIRE

↘ *Outil ling. n° 6 p 19*

10 Un peu d'histoire

■ L'imparfait

Mémo

Formation de l'imparfait : radical de la 2ᵉ personne du pluriel + *-ais*, *-ais*, *-ait*, *-ions*, *-iez*, *-aient*.
Attention : *je disais / je faisais* (radical de la 1ʳᵉ personne du pluriel)
Quand un radical se termine par *g* ou *c*, on écrit *ge* ou *ç* devant *a*.
Ex. *Voyager* → *je voyageais* ; *commencer* → *je commençais*.

A. Mettez les verbes à l'imparfait dans l'article.

Un peu d'histoire : les déménagements d'autrefois

Autrefois, à Paris, ce sont les tapissiers[1] qui (1. s'occuper) .... des déménagements.
Ils (2. déplacer) .... les meubles d'un logement à un autre. Ils (3. charger) .... les objets dans des voitures tirées par des chevaux.
Il y (4. avoir) .... aussi une caisse où on (5. mettre) .... les objets les plus fragiles. À Paris, les déménagements (6. se faire) .... d'avril à juillet. On (7. ne pas pouvoir) .... se promener dans Paris sans être arrêté par une voiture de déménagement. Vous (8. tourner) .... au coin d'une rue et vous (9. rencontrer) .... à chaque fois des hommes qui (10. transporter) .... un bureau, un canapé ou un piano. Et quand vous (11. oublier) .... de regarder pour traverser une rue, vous (12. pouvoir) .... vous faire renverser par une voiture. Il (13. falloir) .... faire très attention.
À New York, les propriétaires (14. choisir) .... le 1ᵉʳ février pour augmenter les loyers. Alors les locataires (15. se mettre) .... à la recherche de nouveaux logements moins chers. À 9 h du matin, le 1ᵉʳ mai, tous les contrats de location (16. prendre) .... fin et tout le monde (17. déménager) .... en même temps. On (18. voir) .... arriver des fermiers venus de la campagne pour faire les déménagements en ville. Ils (19. travailler) .... beaucoup et ils (20. faire) .... grimper[2] les prix. Quand les gens (21. réussir) .... à trouver un déménageur, ils le (22. payer) .... bien. À cette époque, vous (23. ne pas trouver) .... facilement de déménageurs alors vous (24. apprécier) .... les services rendus.
Aujourd'hui, pour déménager, c'est beaucoup plus simple. Il suffit de cliquer sur Internet pour trouver un déménageur.

1. Un(e) tapissier (ère) : Il / elle fabrique des tapis, des tapisseries, des tentures, des rideaux ou il/elle revêt des sièges. Autrefois, il / elle faisait aussi des matelas et des sommiers.
2. Grimper : Augmenter vite.

Unité 1 — **Rencontrez vos nouveaux collaborateurs**

COMPRÉHENSION

B. Vérifiez votre compréhension du texte. Cochez les phrases qui correspondent au texte et justifiez votre réponse.

❏ **1.** Autrefois, à Paris, les déménagements avaient lieu surtout au printemps.

....

❏ **2.** C'était parfois dangereux de marcher dans Paris parce qu'il y avait beaucoup de voitures de déménagement.

....

❏ **3.** À New York, les déménagements avaient lieu avant le 1er février.

....

❏ **4.** Les locataires changeaient de domicile parce que les propriétaires vendaient leur appartement.

....

❏ **5.** À New York, c'était souvent difficile de trouver une voiture de déménagement.

....

❏ **6.** À New York, les déménageurs ne coûtaient pas chers.

....

GRAMMAIRE

↘ *Outil ling.*
n° 7 p. 19

11 Va-et-vient

■ **Le passé récent**

Mettez les mots ou groupes de mots dans l'ordre pour former une phrase puis indiquez si la phrase avec *venir* est au présent ou au passé récent.

Exemple : la direction financière / je / à / viens / la réunion / assister / de
→ *Je viens assister à la réunion de la direction financière.* → présent

1. je / l'usine / avec / viens / vous / visiter

....

2. le tour / vient / la DRH / des services / faire / il / avec / de

....

3. passer / vient / un entretien / à 15 h / d' / elle / embauche

....

4. recevoir / de / nous / venons / nos fournisseurs / de / un appel d'offre

....

5. au Brésil / des billets / venez / pour / réserver / vous / de / d'avion / partir

....

6. rentrer / en mission / et / elle / vient / elle / était / de

....

7. elle / très / faire connaissance / sympathique / viennent / de / trouve / son collègue / ils / et

....

8. la documentation / l'assistante / au directeur / vient / apporter / d'

....

11

Unité 1 — Rencontrez vos nouveaux collaborateurs

D Une intégration réussie

COMMUNICATION

12 Des phrases à éviter

Voici une liste de phrases à éviter de dire un premier jour de travail. Dites à quelle intention chaque phrase correspond.

Phrases à éviter	Intentions
1. « Quand est-ce que je vais avoir une augmentation ? »	a. Faire patienter.
2. « Je ne peux pas te répondre maintenant, j'ai trop de boulot. »	b. Demander une hausse de salaire.
3. « Il me faut un téléphone portable. Comment on fait pour en avoir un ? »	c. Critiquer.
4. « Ça ne m'intéresse pas de travailler sur ce dossier. Je préfère étudier les contrats. »	d. Refuser une invitation.
5. « Non merci, je ne déjeune pas aujourd'hui. »	e. Montrer sa fatigue.
6. « Je n'en peux plus, j'ai trop de travail. »	f. Parler de politique ou de religion.
7. « Le gouvernement ne fait pas son travail ! »	g. Montrer son désaccord.
8. « Dis donc, le chef a l'air autoritaire ! »	h. Exiger des avantages matériels.

1	2	3	4	5	6	7	8
…	…	…	…	…	…	…	…

COMMUNICATION

13 Encore des conseils

↘ *Outil ling. n° 8 p. 19*

■ Les expressions impersonnelles suivies de l'infinitif

A. Observez le dessin. Trouvez des conseils à donner / des recommandations à faire à ces salariés pour intégrer leur nouveau collègue. Utilisez les expressions impersonnelles.

....
....
....
....

B. Imaginez cinq conseils pour créer une bonne ambiance au travail. Utilisez les expressions impersonnelles.

....
....
....
....
....

Unité 1   Rencontrez vos nouveaux collaborateurs

COMMUNICATION

↘ *Retenez p. 17*

14 Avec des si...

Complétez ces phrases qui donnent des conseils pour bien s'intégrer. Utilisez l'impératif ou *pouvoir* + infinitif ou les deux quand c'est possible.

Exemple : Si tu dois organiser une réunion, (ne pas oublier)…
→ *Si tu dois organiser une réunion, n'oublie pas de réserver une salle.*

1. Si vous arrivez en retard au bureau, (prévenir)…

....

2. Si une collègue ne t'adresse pas la parole, (organiser)…

....

3. Si vous ne savez pas comment vous habiller, (observer)…

....

4. Si vous écrivez un courriel à votre chef, (faire attention)…

....

5. Si tu as trop de travail, (ne pas se plaindre)…

....

6. Si elle veut personnaliser son bureau, (mettre un cadre)…

....

7. Si tu dois confirmer un rendez-vous, (envoyer)…

....

8. Si vous êtes fatigué(e), (prendre)…

....

VOCABULAIRE

↘ *Repères professionnels p. 22*

15 Que d'objets

Dans la liste suivante, dites si les objets sont des fournitures de bureau ou des objets fétiches (ou personnels).

Objets	Fournitures de bureaux	Objets fétiches / personnels
Une plante	❏	❏
Un répertoire	❏	❏
Une souris	❏	❏
Une pochette	❏	❏
Un bloc notes	❏	❏
Une agrafeuse	❏	❏
Une bouilloire	❏	❏
Un calendrier	❏	❏
Un cahier	❏	❏
Une tasse à café	❏	❏
Une étiquette	❏	❏

Unité 1 — **Rencontrez vos nouveaux collaborateurs**

PHONÉTIQUE **16 L'intonation**

🔊 01 Écoutez les phrases et choisissez l'affirmation correcte.

Mémo

Les schémas mélodiques de base

Phrase interrogative :
> Si vous posez une question sans mot interrogatif, la voix monte progressivement.
> Si la question commence par un mot interrogatif, la voix va monter puis redescendre.

Phrase affirmative et négative :
> Si vous donnez une information ou un conseil, la voix va monter puis redescendre.

	La voix monte ↗ ↗ progressivement.	La voix monte ↗ et redescend ↘.
1. J'ai noté des problèmes de sécurité.		
2. Vous vous êtes organisé pour vos congés ?		
3. Comment on fait pour l'appel d'offre ?		
4. Nous venons de réaménager tout le service.		
5. Tu peux repasser tout à l'heure ?		
6. N'oubliez pas de prendre des notes !		

17 L'intonation

🔊 02 Lisez les phrases à haute voix avec l'intonation qui convient puis écoutez pour vérifier.

1. Avant, vous n'aviez pas d'ordinateurs.
Avant, vous n'aviez pas d'ordinateurs ?
Pourquoi vous n'aviez pas d'ordinateurs ?

2. Martine prend ses vacances en août ?
Quand est-ce que Martine prend ses vacances ?
Martine prend ses vacances en août.

3. C'est le bureau de son assistante.
C'est le bureau de son assistante ?
Où est le bureau de son assistante ?

PHONÉTIQUE **18 /ien/ et /ienne/**

🔊 03 Écoutez et dites si vous entendez le masculin ou le féminin du pronom possessif puis dites la phrase avec l'autre forme.

Exemple : vous entendez → *J'ai rangé les miens.*
vous trouvez → *J'ai rangé les miennes.*

	Masculin	Féminin	
Exemple	✗		J'ai rangé les miennes.
1			
2			
3			
4			
5			
6			

Unité 2   Faites connaître vos produits et services

A Il est pratique !

VOCABULAIRE

↘ *Retenez p. 26*

1 Un beau cadeau !

Complétez le dialogue entre deux collègues avec les mots suivants : *logiciel, brancher, recharger, télécharger, pèse, écran, connexion, capacité, autonomie, affichage, batterie, stocker, pages.*

– On a finalement acheté une liseuse à Audrey pour son départ à la retraite.

– Ah ! Bonne idée elle adore lire.

– J'ai choisi la liseuse Bouquin. Elle (1) .... juste 190 grammes et elle tient dans une poche. Elle a un (2) .... tactile et un (3) .... exceptionnel qui permet de lire même la nuit. En plus, tu as deux possibilités pour lire : tourner les (4) .... avec ton doigt ou utiliser des boutons. Et puis, elle a plein de fonctionnalités grâce à son (5) .... très puissant.

– Et cette petite machine a une bonne (6) .... ?

– Oui, sa (7) .... peut tenir un mois. C'est très pratique. Audrey n'aura pas besoin de (8) .... sa machine tous les jours pour la (9) ....

– Et comment elle peut obtenir les livres ?

– Elle peut les (10) .... sur des plateformes spécialisées. Il faut juste une (11) .... wifi. Cette liseuse a une grande (12) .... de mémoire tu peux vraiment y (13) .... beaucoup de livres.

– Je pense qu'elle va être ravie !

VOCABULAIRE COMPRÉHENSION

2 Pros de l'informatique !

Associez une parole du vendeur à chaque produit qu'il présente sur les photos.

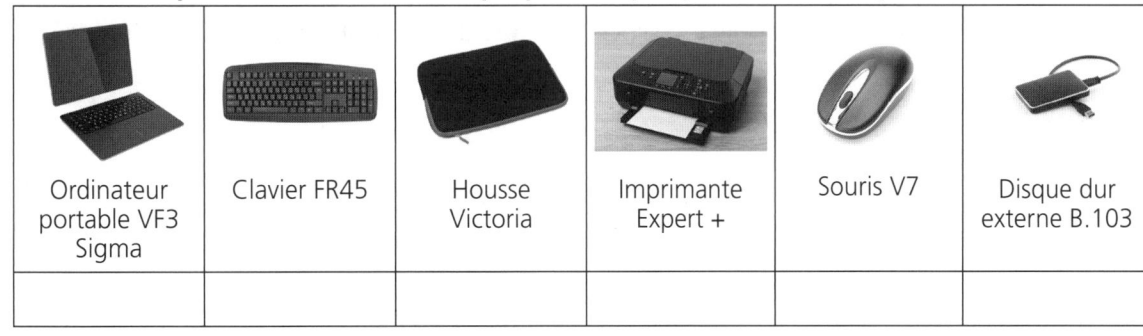

Ordinateur portable VF3 Sigma	Clavier FR45	Housse Victoria	Imprimante Expert +	Souris V7	Disque dur externe B.103

1. Elle a exactement la taille de votre ordinateur portable et est très légère.

2. Il a une particularité : c'est que son écran peut être séparé du clavier pour devenir une tablette.

3. Elle est très pratique parce qu'elle est sans fil. En plus, elle est jolie et existe en vert, rouge ou bleu.

4. Il pèse moins de 300 grammes et a une grande capacité de stockage. Il vous permettra de sauvegarder toutes vos données.

Unité 2 — Faites connaître vos produits et services

5. Elle est petite et ne consomme pas trop d'encre. La qualité d'impression est excellente !

6. Il est facile à installer. Il suffit de le brancher. Ses touches sont grandes et espacées. Il est très stable et ne bouge pas sur le bureau. Il a deux ports USB.

GRAMMAIRE

Outil ling. n° 1 p. 34

3 Avis de consommateurs

Les pronoms personnels *en* et *y*

Mémo
Les pronoms permettent d'éviter les répétitions.
Le / la / l' / les remplacent un nom précédé d'un article défini ou d'un adjectif possessif.
En remplace un nom précédé d'un article indéfini ou d'un verbe avec *de*.
Y remplace un nom précédé d'une préposition de lieu ou d'un verbe avec *à*.

Complétez les avis des consommateurs sur un site marchand avec les pronoms *en*, *y*, *le*, *la*, *l'*, *les*.

Avis ★★★★☆
1. Cet ordinateur est petit et pas cher. Moi, je m'………… sers surtout pour faire du traitement de texte. Je vous ………… recommande.

Avis ★★★☆☆
2. Cette clé USB a une grande capacité. On peut ………… stocker beaucoup de fichiers. Le seul inconvénient, c'est son capuchon. Il ne tient pas bien et on peut ………… perdre.

Avis ★☆☆☆☆
3. Je suis photographe professionnel. J'ai acheté les deux logiciels de photo de la marque Bellevue parce que j'………… avais vraiment besoin mais je suis vraiment déçu. Je vais ………… rendre au magasin.

Avis ★★★★★
4. J'ai acheté une montre connectée. Je ………… trouve exceptionnelle. Elle est connectée à mon portable alors je peux ………… recevoir mes messages et je ………… utilise quand je fais du sport. Je vais ………… offrir une à ma femme pour son anniversaire ;-)

COMPRÉHENSION

4 Livraison de fournitures

Lisez le mail de Coralie et associez chaque phrase soulignée à l'indication de ce qu'elle fait.

Salut Andrew,

Je viens de recevoir le vidéoprojecteur portable (1) que j'ai commandé (2) et je suis vraiment très contente de ce produit. C'est parfait pour mon travail ! (3) Avant, j'avais toujours besoin de mon ordinateur portable (4). Avec ce vidéoprojecteur, j'ai juste besoin de ma clé USB. Il est léger, silencieux et a une bonne qualité d'image (5). En ce moment, je suis en train de préparer un projet (6) avec des partenaires alors je m'en sers souvent pour leur expliquer les différentes étapes du projet (7).

Je t'envoie la documentation. Appelle-moi si tu as des questions (8).

Coralie

Unité 2   Faites connaître vos produits et services

Dans la lettre,

a. Coralie décrit les qualités du produit : ....
b. Coralie indique une tâche en cours : ....
c. Coralie indique une utilité : ....
d. Coralie rapporte une action passée : ....
e. Coralie formule une hypothèse : ....
f. Coralie exprime sa satisfaction : ....
g. Coralie évoque une action récente : ....
h. Coralie décrit une habitude ancienne : ....

B Elles en donnent plus !

VOCABULAIRE

↘ *Retenez p. 29*

5 Service ++

Complétez la publicité avec les mots suivants : *atterrissage, avion, bagages, classe, contrôles, embarquement, enregistrement, passagers, personnel, terminal, transfert, vols.*

Avec voyageur plus, vous êtes unique !

Nous lançons un nouveau service d'accueil personnalisé à destination de tous les (1) .... des (2) .... internationaux en (3) .... affaires.

– au départ : accueil à la porte du (4) ...., aide à l'(5) ...., passage accéléré des (6) .... de douane, accompagnement jusqu'à l'(7) .... à bord.

– à l'arrivée : accueil dès l'(8) .... de l'(9) ...., récupération et portage des (10) ...., réservation d'un (11) .... (voiture de location, taxi…) jusqu'au point d'arrivée final.

Le + : des prestations assurées par notre (12) .... en 9 langues.

COMMUNICATION GRAMMAIRE

↘ *Outil ling. n° 2 p. 34*

6 Le bon choix

■ Les superlatifs

Complétez les critères pour choisir un bon fournisseur en exprimant la supériorité ou l'infériorité. Utilisez les mots entre parenthèses. Plusieurs réponses sont possibles.

Choisissez le fournisseur :

1. qui propose les produits .... (bien)
2. qui .... les dates de livraison. (respecter)
3. qui a les tarifs .... (élevés)

> **Mémo**
> Pour indiquer la supériorité ou l'infériorité :
> – *le / la / les plus / moins* + **adjectif**
> – **verbe** + *le plus / moins*

17

Unité 2 — Faites connaître vos produits et services

4. qui a .... capacité d'innovation. (grand)

5. qui .... à améliorer les solutions actuelles. (chercher)

6. qui .... service après-vente. (bien)

7. qui .... en cas de problèmes. (réagir vite)

8. qui a les employés .... (compétents)

9. qui .... le suivi de ses clients. (gérer)

COMPRÉHENSION — 7 Quelle différence ?

Lisez le texte paru sur un blog de voyageurs. Recopiez et complétez le tableau de comparaison des trois types de vols.

VOL RÉGULIER, VOL CHARTER OU VOL LOW COST : QUELLE DIFFÉRENCE ?

Qu'est-ce qu'un « vol charter » ?

Ils sont effectués par des avions qui appartiennent à des compagnies aériennes mais qui sont affrétés[1] par un tour opérateur sur une destination et pour une durée déterminée (pendant les vacances scolaires, par exemple). En général, ce sont des vols directs mais on ne connaît les horaires qu'une semaine à 10 jours avant le départ.

Et les vols réguliers ?

Ces vols existent toute l'année et vont partout dans le monde. Il existe trois types de vols : vols courts, vols moyen-courriers et vols long-courriers qui sont proposés à des heures fixes. Il y a au moins deux classes et les sièges sont attribués à la réservation.

Est-ce que les vols charters sont moins chers que les vols réguliers ?

Ils ne sont pas toujours moins chers. Pendant les vacances scolaires, ils sont au prix du marché et leur tarif reste élevé. De plus, il y a parfois des suppléments à payer. Par exemple, quand on part de province[2], les billets sont souvent un peu plus chers parce qu'il y a moins souvent de vols charters qu'au départ de Paris. Sur les vols réguliers, il y a une classe « économique » avec différents tarifs. Le prix du siège augmente petit à petit alors il est recommandé de prendre son billet tôt. Pour les vols charters, le prix du billet est généralement fixe mais quelquefois l'affréteur peut décider au dernier moment de faire des promotions pour remplir son avion. C'est ce qu'on appelle les offres de dernière minute.

Et le low cost alors ?

C'est encore différent du vol charter ou du vol régulier. C'est un véritable modèle économique, qui essaie de diminuer au maximum les coûts pour proposer les prix les plus bas toute l'année. Les compagnies vont, par exemple, utiliser des aéroports secondaires pour diminuer leurs coûts mais toutes les prestations sont payantes : les bagages, le repas, les boissons…

On ne peut pas aller partout avec les low costs : ce sont des courts ou moyens courriers, trois heures de vol maximum. En général, on réserve les billets sur Internet pour éviter les frais des agences de voyage. Il n'y a qu'une seule classe à bord et les sièges ne sont pas réservés, ce qui permet un embarquement plus rapide des passagers.

1. Loués 2. Villes autres que la capitale

	Vols charters	Vols réguliers	Vols low costs
Moment de l'année où on en trouve			
Types de vols			
Tarifs			
Réservation (horaires, sièges, aéroport…)			

Unité 2   Faites connaître vos produits et services

c Livraison à domicile

VOCABULAIRE

↘ *Retenez p. 31*

8 Un bon poste

Complétez la fiche métier avec les mots suivants : *attentes, cible, concurrence, données, étude de marché, lancement, offre, produit, questionnaires, service, stratégie*.

chargé(e) d'études en marketing

Ses missions

Avant le (1) .... d'un nouveau (2) .... ou d'un nouveau (3) .... , le/la chargé(e) d'études marketing analyse les (4) .... des clients et l'(5) .... de la (6) ....

Pour faire cette (7) .... , il/elle élabore des (8) .... pour interroger la (9) .... du produit. Ensuite, il/elle analyse les (10) .... pour mettre en place une (11) .... commerciale adaptée.

Ses compétences

Il / Elle maîtrise parfaitement les techniques de collecte et de traitement des informations.

GRAMMAIRE

↘ *Outil ling. n° 3 p. 34*

9 Ma petite entreprise

■ **L'articulation passé composé et imparfait dans un récit**

Lisez le témoignage d'un créateur d'entreprise et conjuguez les verbes au passé composé ou à l'imparfait. Attention aux accords !

J'(1) .... (être) salarié dans un magasin qui (2) .... (vendre) des pièces détachées pour les voitures et, un jour, j'(3) .... (décider) de créer ma propre entreprise commerciale. Comme j'(4) .... (habiter) dans un petit village et que je n'(5) .... (avoir) pas beaucoup d'économies, je (6) .... (devoir) trouver une solution qui corresponde à ma situation. Un jour, des amis m'(7) .... (parler) de la vente à domicile et c'est comme ça que j'(8) .... (prendre) la décision de vendre des vêtements.

Je (9) .... (se rendre) à Paris pour trouver des fournisseurs. Après plusieurs contact, j'(10) .... (trouver) une marque de jeans qui (11) .... (sembler) être d'un bon rapport qualité/prix. Quand je (12) .... (rentrer) chez moi, je (13) .... (s'inscrire) au registre du commerce et j'(14) .... (réaliser) mes premières commandes quelques jours plus tard.

J'(15) .... (commencer) mon activité indépendante le samedi : j'(16) .... (garder) mon emploi de salarié au début. Tous les samedis matins, je (17) .... (charger) ma voiture et j'(18) .... (aller) frapper aux portes dans

Unité 2 — Faites connaître vos produits et services

les villages prés de chez moi. Bien entendu, j'(19) .... (commencer) par les gens qui me (20) .... (connaître) déjà. Au début, c'(21) .... (être) difficile mais je (22) .... (proposer) à ma clientèle de bons produits à des prix sympas. Du coup, petit à petit, ma clientèle (23) .... (se développer) et j'(24) .... (découvrir) d'autres fournisseurs pour ajouter d'autres produits à mon stock.

Aujourd'hui, ma petite entreprise fonctionne bien et je suis très content de mon choix.

GRAMMAIRE
↘ Outil ling. n° 4 p. 35

10 Une logistique écolo

■ L'adjectif indéfini *tout*

Mémo
Tout s'accorde avec le nom qui suit.
Il y a 4 formes : *tout*, *toute*, *tous* ou *toutes*.

Complétez l'article de journal avec *tout*, *tous*, *toute* ou *toutes*.

Le groupe de magasins Monoprix a changé (1) .... sa logistique.
(2) .... les semaines, deux barges[1] de marchandises quittent le port du Havre et remontent la Seine en direction de Combs-la-Ville, à 30 kilomètres de Paris. Ensuite, (3) .... les marchandises sont transportées en train vers Paris puis, chaque matin, vingt-six camions livrent (4) .... les magasins parisiens de l'enseigne.

1. Sorte de bateau

VOCABULAIRE
↘ Retenez p. 31

11 C'est cool !

Vous avez reçu des SMS. Trouvez les modifications à apporter pour passer du vocabulaire familier au vocabulaire standard. Faites tous les changements nécessaires.

1. Mauvaise nouvelle ! Ma boîte va fermer !! Il va falloir que je cherche un autre boulot ;-(

2. Si t'as des infos sur le contrat avec Berlin. Dis-le moi.

3. Coucou, j'ai trop de taf ce soir. Je n'irai pas au resto avec tes copains. À demain.

4. On va bosser avec Frédéric et Anaïs. Je suis hyper content parce que ce sont des pros ;-)

5. Salut ! J'ai un truc à te dire. Tu peux m'appeler ?

1. ....
2. ....
3. ....
4. ....
5. ....

Unité 2   Faites connaître vos produits et services

D Nous nous occupons de tout !

GRAMMAIRE

↘ *Outils ling.*
n°s 5 et 6 p. 35

12 Partenariats en vue

■ Le futur simple et le futur proche

Lisez le courrier d'Anne. Repérez tous les verbes au présent puis conjuguez-les successivement au futur proche et au futur simple.

> Géraldine,
>
> Voici le programme de la mission d'exploration professionnelle en Inde.
>
> Une semaine avant de partir, tu assistes à un atelier sur la culture indienne. À cette occasion, des experts expliquent comment travailler avec les partenaires indiens. Tu te rends à Mumbai avec un groupe de professionnels français le 6 mai. À votre arrivée, un guide vient vous accueillir à l'aéroport et vous propose une visite de la ville. Le lundi matin, il y a une présentation du marché indien par des chefs d'entreprise locaux. Tu peux découvrir les tendances et opportunités économiques possibles. Après le déjeuner, le groupe se divise. Tu as la possibilité de visiter une entreprise de ton choix. Les deux jours suivants, nos partenaires indiens planifient des rendez-vous avec des experts sur place et la visite d'une entreprise dans le secteur de l'environnement.
>
> Je m'occupe de l'achat de ton billet et de toutes tes réservations. C'est Kathy qui fait ta demande de visa.
>
> À très bientôt,
>
> Anne

Unité 2 — Faites connaître vos produits et services

COMPRÉHENSION
COMMUNICATION
VOCABULAIRE
GRAMMAIRE

↘ *Retenez p. 33*
↘ *Outil ling.*
n° 7 p. 35

13 Coach voyage

■ Les pronoms relatifs *qui*, *que*, *où*

Vous lisez cette annonce pour devenir « coach voyage » et vous proposez votre candidature. Sur une feuille séparée, écrivez un texte pour vous présenter et décrire une région que vous connaissez bien.

> Le coach voyage n'est ni un agent de voyage, ni un tour opérateur. Le coach voyage est un facilitateur de voyage. Il se positionne comme un intermédiaire entre le client et les prestataires d'offres touristiques. C'est quelqu'un qui va chercher des idées nouvelles, des bons plans, des itinéraires inédits et des expériences originales et qui va proposer un voyage personnalisé.
>
> Tous nos coachs voyage sont sélectionnés avec attention par notre équipe.
> Si vous avez une grande expérience d'une destination ou d'une région du monde… Si vous avez pour passion de faire découvrir cette région aux personnes qui vous entourent… Si votre première motivation est l'amour du voyage… N'hésitez pas à proposer vos services comme coach voyage.

GRAMMAIRE

↘ *Outil ling.*
n° 8 p. 35

14 C'est un succès !

■ La place des adjectifs qualificatifs

Lisez le mail de Thomas à sa collègue. Placez les adjectifs au bon endroit dans les phrases. Ils sont donnés dans l'ordre d'apparition. Accordez-les si nécessaire.

1 bon	4 petit	7 original	10 agréable	13 prochain
2 premier	5 efficace	8 amusant	11 pratique	
3 dernier	6 nouveau	9 joli	12 abordable	

Michèle,

Ce message pour t'annoncer une (1) ……………… nouvelle ……………… .

Ça y est, on a les (2) ……………… résultats ……………… de notre enquête et Fabrice m'a envoyé les (3) ……………… chiffres ……………… de vente. Ils sont excellents !

La (4) ……………… équipe ……………… du service marketing a vraiment fait une campagne de (5) ……………… publicité ……………… .

Notre (6) ……………… marque ……………… de vêtements plaît à la clientèle.

Les jeunes trouvent que nous proposons des (7) ……………… produits ……………… et des (8) ……………… collections ……………… . En fait, ce qu'ils recherchent ce sont : des (9) ……………… tissus ……………… , des (10) ……………… matières ……………… , des (11) ……………… modèles ……………… , des (12) ……………… prix ……………… .

C'est tout à fait ce que nous proposons !

Nous devons nous réunir (13) ……………… jeudi ……………… à 10 h pour en parler.

Seras-tu libre ?

Thomas

Unité 2 — Faites connaître vos produits et services

PHONÉTIQUE 15 [e] / [ɛ]

Mémo 04
ai / è / es / est se prononcent [ɛ].
é / et / er / ez se prononcent [e].

🔊 05 Écoutez. Vous entendez [e] comme dans *organiser* [ɔʁganize] ou [ɛ] comme dans *quel* [kɛl] ? Cochez la case correspondante.

	[e] organiser	[ɛ] quel
1		
2		
3		
4		
5		
6		
7		
8		

PHONÉTIQUE 16 [e] / [ɛ]

Mémo 07
Pour prononcer [e], vous devez sourire et ouvrir la bouche un peu plus que pour le [i].
Pour prononcer [ɛ], vous devez sourire et ouvrir la bouche un peu plus que pour le [e].
Prononcez [i] / [e] / [ɛ].

🔊 06 Écoutez. Vous entendez [e] ou [ɛ] ? Entourez le son entendu.

1. Avant, je boss**ais** [e] / [ɛ] tr**ès** [e] / [ɛ] dur.
2. Il **est** [e] / [ɛ] d**é**cid**é** [e] / [ɛ] // [e] / [ɛ] à mont**er** [e] / [ɛ] son proj**et** [e] / [ɛ] **et** [e] / [ɛ] sa soci**été** [e] / [ɛ] // [e] / [ɛ].
3. J'**ai** [e] / [ɛ] ouv**er**t [e] / [ɛ] mon comm**er**ce [e] / [ɛ] dans un cadre pittor**e**sque [e] / [ɛ].
4. Vous av**ez** [e] / [ɛ] f**ait** [e] / [ɛ] **des** [e] / [ɛ] rech**er**ches [e] / [ɛ] sur Intern**et**[1] [e] / [ɛ].
5. Vous **ê**tes [e] / [ɛ] charg**ée** [e] / [ɛ] de promouvoir l**es** [e] / [ɛ] s**er**vices [e] / [ɛ].

---
1. « Internet » est un mot d'origine étrangère (anglophone) c'est pour cela que le « t » final se prononce.

PHONÉTIQUE 17 [e] / [ɛ]

🔊 08 Lisez les phrases à haute voix puis écoutez pour vérifier.

1. Notre hôt**el est** situ**é** à la p**é**riph**é**rie.
2. Ils ont d**é**cid**é** de chang**er** de vie.
3. Je f**ais** ce m**é**ti**er** depuis 15 ans.
4. Ma femme voudr**ait** aussi des cours de cuisine.

Entraînement au DELF PRO A2

Contexte professionnel : Effectuer des activités professionnelles. Vous travaillez dans une entreprise francophone. Vous effectuez vos différentes activités professionnelles en relation avec différents services et collaborateurs.

Nature des épreuves : A2	Durée	Note sur
Compréhension de l'oral : Réponse à des questionnaires de compréhension portant sur trois ou quatre courts documents enregistrés ayant trait à des situations courantes de la vie professionnelle (deux écoutes). Durée maximale des documents : 5 minutes.	25 minutes	/ 25
Compréhension des écrits : Réponse à des questionnaires de compréhension portant sur trois ou quatre courts documents écrits ayant trait à des situations courantes en milieu professionnel.	30 minutes	/ 25
Production écrite : Rédaction de deux brèves productions écrites (courrier ou message) : décrire un événement ou des expériences professionnelles ; écrire pour proposer, demander, informer, référer...	45 minutes	/ 25
Épreuve individuelle	**Durée**	**Note sur**
Production et interaction orales : Épreuve en trois parties : 1. entretien dirigé ; 2. monologue suivi ; 3. exercice en interaction. Chacune ayant trait à des situations de la vie professionnelle.	6 à 8 minutes Préparation : 10 minutes	/ 25
Seuil de réussite pour l'obtention du diplôme A2 : 50 /100 Note minimale requise par épreuve : 5 / 25	Note totale sur	/ 100

Compréhension de l'oral

Exercice 1 : Votre agenda de la semaine

🎧 **09** Vous travaillez dans une agence de voyages. À votre arrivée au bureau un lundi matin, vous trouvez un message de votre responsable sur votre boîte vocale. Écoutez et complétez votre agenda : notez les tâches à faire et les rendez-vous, barrez ceux qui sont annulés.

Lundi	Mardi	Mercredi	Jeudi	Vendredi
8	8	8	8	8
9	9 Réunion hebdomadaire agence	9	9	9
10	10	10	10	10
11	11	11 Médecine du travail	11	11
12	12	12	12	12
13 Déjeuner Sté Rexitour	13	13	13	13
14	14	14	14	14
15	15 Réunion : Validation circuit « Balades entre rizières et forêts »	15	15	15
16	16	16	16	16
17	17	17	17 Rendez-vous M. Firet	17
18 Voiture garage	18	18	18	18

Exercice 2 : Votre première journée

🎧 **10** Vous commencez un nouveau travail et vous avez préparé un mémo avec une liste de questions. Une collègue vous fait des recommandations.
Écoutez puis numérotez les questions dans l'ordre abordé.

……… **a.** Transfert des appels téléphoniques ?

……… **b.** Fournitures de bureau ?

……… **c.** Restaurant d'entreprise ?

……… **d.** Utilisation du photocopieur ?

……… **e.** Message automatique en cas d'absence ?

……… **f.** Problèmes informatiques ?

Entraînement au DELF PRO A2

Compréhension des écrits

Exercice 1 : Une fiche technique

Vous travaillez dans un magasin qui vend des objets connectés. Vous recherchez des informations pour commander des montres.
Lisez la page Internet et cochez les bonnes réponses.

Un véritable bijou de technologie

La Zentech offre de nombreuses fonctionnalités. Connectée à un smartphone, la Zentech peut vous avertir lors de la réception d'un mail, d'un sms ou vous signaler un rendez-vous prochain. En passant simplement le doigt sur l'écran tactile, il est également possible de répondre aux messages, de décaler un rendez-vous ou encore de répondre à un appel quand vous avez identifié le correspondant. Grâce à ses capteurs, vous pouvez compter vos pas et analyser vos dépenses de calories. Le GPS intégré vous permettra de vous repérer facilement. Sa batterie a une autonomie de 18 heures. Tout est fait pour vous faciliter l'accès aux services les plus adaptés à votre mode de vie !

La Zentech permet de *(2 réponses)*
- ❏ **a.** rédiger un texto.
- ❏ **b.** fixer automatiquement des rendez-vous.
- ❏ **c.** voir la photo de votre correspondant.
- ❏ **d.** gérer les appels.
- ❏ **e.** diminuer ses dépenses de calories.
- ❏ **f.** écouter de la musique.

Exercice 2 : Un courriel

Vous travaillez dans une agence de voyage. Vous êtes chargé(e) de relire le courriel qu'une collègue a adressé à une cliente. Lisez-le et cochez les prestations incluses dans le devis du circuit *(3 réponses)*.

À : idurant@gmail.com
De : bguibert@amerisud.com
Objet : Re : Votre demande de devis

Chère Madame,
Comme suite à votre demande, je vous prie de bien vouloir trouver ci-joint votre devis pour le circuit « Splendeurs de Patagonie » avec la découverte de paysages grandioses.
Ce devis concerne les nuits d'hôtel avec petits déjeuners, les excursions mentionnées avec un guide et les transferts. Une voiture de location vous sera remise à votre arrivée par notre réceptif local qui vous accueillera. Nous serons aussi heureux de vous offrir un carnet de voyage avec votre programme personnalisé.
Pour visualiser votre devis, cliquez ICI.
Ce tarif est valable sous réserve de disponibilité des hôtels au moment de la réservation.
Notre agence vous propose également : des vols au départ de chez vous ; des assurances voyages (annulation, rapatriement, bagages).
Je reste à votre disposition pour tout complément d'information.
Votre conseillère circuit,
Elena

Le circuit proposé inclut
- ❏ **a.** les vols nationaux et internationaux.
- ❏ **b.** des visites de sites touristiques.
- ❏ **c.** l'hébergement.
- ❏ **d.** un service d'assistance en cas de besoin.
- ❏ **e.** les frais en cas d'annulation de voyage.
- ❏ **f.** tous les repas.
- ❏ **g.** une brochure avec les détails du circuit.

Entraînement au DELF PRO A2

Exercice 3 : Une fiche métier

Pour aider un(e) de vos collègues, vous lisez une fiche métier. Répondez aux questions pour l'aider à analyser la fiche métier.

> **Fiche métier**
>
> Le ou la responsable qualité, sécurité et environnement (QSE) conçoit, définit, négocie avec la direction générale la politique qualité, sécurité et environnement de l'entreprise. Il ou elle est responsable de l'amélioration continue des procédures de l'entreprise, de la sécurité et de la santé au travail et contribue au développement de nouveaux marchés.
> Il ou elle travaille en équipe avec les responsables de production et tous les services : commercial, marketing, achats, maintenance, etc.
> Il ou elle est en relation avec les clients et supervise le contrôle de la qualité des fournisseurs, des prestataires de service et des sous-traitants.
> Il ou elle se déplace régulièrement entre son bureau, les services et les ateliers de l'entreprise. Le poste demande également des déplacements fréquents à l'extérieur, sur des sites parfois éloignés : audits ou visites de fournisseurs, réunions professionnelles...
> Ce poste requiert une formation initiale de niveau masters professionnels, diplômes d'ingénieurs, maîtrise des sciences et techniques dans le domaine de la qualité ou de la gestion industrielle.

1. Vrai (V) ou faux (F) ? Cochez la case correspondante et recopiez la phrase ou la partie du texte qui justifie votre réponse.

a. Le/La responsable QSE est autonome dans la définition de la politique qualité de l'entreprise.   V ❏ F ❏

Justification : ....

b. Ses activités ont un impact sur l'expansion de l'entreprise.   V ❏ F ❏

Justification : ....

2. Quels sont les trois domaines importants d'intervention du responsable QSE ?

....

3. Quels sont les partenaires extérieurs avec lesquels le responsable QSE est régulièrement en contact ?

....

4. Ses déplacements concernent
❏ **a.** surtout les visites chez les clients.
❏ **b.** les réunions avec la direction.
❏ **c.** le contrôle d'usines et de prestataires extérieurs.

5. Le responsable QSE doit
❏ **a.** suivre des formations continues.
❏ **b.** avoir des compétences techniques.
❏ **c.** montrer une excellente maîtrise de l'outil informatique.

Production écrite

Exercice : Écrire pour proposer, informer, référer...

Vous entreprise lance sur le marché un nouveau service ou un nouveau produit. Rédigez une petite présentation avec les caractéristiques du produit ou du service pour le site Internet de l'entreprise. Écrivez 50 mots sur une feuille à part.

Production et interaction orales

Exercice en interaction

Vous tirez au sort deux sujets et vous choisissez une situation.

Sujet ① Un(e) nouveau (nouvelle) collègue vient d'intégrer votre entreprise. Il vous pose des questions et vous lui donnez des conseils sur les habitudes de votre service : rituels pour se présenter, saluer, déjeuner, aménagement de votre espace de travail, fournitures... L'examinateur est votre nouveau (nouvelle) collègue.	Sujet ② Vous travaillez dans une agence de voyage. Un(e) client(e) vous demande des renseignements à propos d'un séjour touristique. Vous posez des questions sur ses besoins et faites des propositions : type de séjour, hébergement souhaité, visites, activités sportives, moyens de transport... L'examinateur est le (la) client(e).

Unité 3 Organisez votre travail

A En tournée

GRAMMAIRE
↘ *Outil ling.*
n° 1 p 50

1 Question d'organisation

■ Le conditionnel présent

Dans votre service, une personne se sent débordée. Des collègues lui font des suggestions pour mieux s'organiser.

A. Mettez les verbes soulignés au conditionnel présent.

1. Je préfère .... ne pas déjeuner pour finir mes dossiers.
2. Ça me convient .... bien de traiter plusieurs dossiers en même temps.
3. Vous pouvez .... m'aider à être moins débordée ?
4. Je souhaite .... ne plus être dérangé tout le temps par le téléphone.
5. Ça vous ennuie .... de me décharger d'une partie de mes tâches ?
6. Je veux .... créer des dossiers ; mon écran est trop encombré.

a. Tu dois .... transférer tes appels sur ton répondeur.
b. Pourquoi tu ne te sers .... pas des outils automatisés pour alléger ton travail ?
c. C'est .... mieux de te concentrer sur une seule tâche à la fois.
d. Bien sûr, nous pouvons .... te donner des trucs pour être plus efficace, si tu veux.
e. Tu ne veux pas .... faire une pause pour te détendre ?
f. Moi, j'aime .... mieux t'aider à ranger ton bureau sur l'ordinateur.

Unité 3 — Organisez votre travail

B. Indiquez à quel emploi correspondent les paroles dites par les personnes. Notez à côté des emplois suivants le numéro des phrases correspondantes.

– une demande polie : ....   – un souhait : ....

– une suggestion : ....   – une préférence : ....

C. Faites correspondre chaque parole du collègue débordé à la parole du collègue qui convient.

1	2	3	4	5	6

GRAMMAIRE

↘ Outil ling. n° 2 p. 50

2 Paroles de consommateurs

■ L'expression de la cause

Mémo
Pourquoi ?
→ *parce que / car / puisque / comme* + sujet + verbe à l'indicatif
→ *à cause de / grâce à* + nom
⚠ On ne commence pas une phrase par *parce que*.
Comme est placé en début de phrase.
Puisque exprime une cause connue.
Car est surtout utilisé à l'écrit.

A. Complétez les posts des internautes avec des expressions de la cause.

1. Leïla — J'ai acheté des lunettes chez « Vite vue » .... un magasin s'est ouvert dans la zone commerciale près de chez moi mais la qualité est horrible et la correction de la vue mauvaise. Je ne vous recommande pas cette enseigne. Vous connaissez un opticien sérieux .... j'ai un besoin d'urgent d'une bonne paire de lunettes ?

2. Gaspard — Salut ! J'ai un copain qui travaillait chez eux. .... il n'a pas aimé la façon de vendre, il a vite changé de boîte.

3. Kevin — Il y a des bons et des mauvais partout. Je vous conseille « Bonnevue », leurs lunettes sont chères mais, ... vous recherchez la qualité, je vous conseille leurs produits.

4. Sophia — .... mes nouvelles lunettes de la marque « AAA », je vois vraiment bien et elles sont très confortables. Essaie cette marque, tu ne seras pas déçue.

5. Corentin — Oui, mais il faut être riche pour aller chez Bonnevue ! C'est vrai que le design et la qualité sont super mais moi, je ne peux pas m'en acheter .... prix trop élevé.

6. Zygma — J'ai donné à redresser une monture de lunettes chez « Vite vue ». .... j'aurais dû m'y attendre, le vendeur a cassé ma monture et, en plus, il m'a proposé de me vendre d'autres lunettes plutôt que de les réparer.

7. Léonor — .... vous voulez un opticien sérieux et compétent, je vous conseille de demander à votre ophtalmologue*.

*Un ophtalmologue : un médecin spécialiste des yeux.

Unité 3   **Organisez votre travail**

COMPRÉHENSION

B. Dites si les affirmations suivantes sont vraies ou fausses.

	Vrai	Faux
1. Leïla habite à proximité de commerces.		
2. Gaspard était vendeur dans un magasin d'optique.		
3. Sophia est très satisfaite de ses lunettes.		
4. Corentin s'est acheté des lunettes qui coûtent cher.		
5. Zygma a cassé sa monture de lunettes.		

B Bien s'organiser au travail

GRAMMAIRE

↘ *Outil ling.*
n° 3 p. 50

3 Quelqu'un ou quelque chose ?

■ **Les pronoms indéfinis**

Mémo

Quelqu'un (une personne inconnue), *personne* (forme négative de *quelqu'un*), *quelque chose* (une chose), *rien* (forme négative de *chose*).
Deux constructions possibles :
Personne ne + verbe ou sujet + *ne* + verbe + *personne*
Rien ne + verbe ou sujet + *ne* + verbe + *rien*

Complétez les échanges entre collègues avec *quelqu'un, quelque chose, ne personne, ne rien* et complétez les réponses.

Exemple : – Personne n'est venu pendant mon absence ?

             – Si, quelqu'un est venu.

1. – Est-ce que vous avez .... à faire ce soir ?

   – Non, je .... à faire ce soir.

2. – Est-ce .... est disponible pour me remplacer demain ?

   – Non, ...

3. – Vous .... avez .... trouvé dans les mails sur l'appel d'offre ?

   – Si, j'...........................

4. – Avez-vous .... à ajouter à l'ordre du jour de la réunion ?

   – Non, je .... à ajouter.

5. – Vous connaissez .... pour animer un séminaire sur « la gestion du temps » ?

   – Non, nous ....

6. – Tu as besoin de .... ? Je passe une commande de fournitures.

   – Non, je ....

7. – Qui m'a offert cette tablette pour mon anniversaire ? .... ne peut me faire plus plaisir !

   – Devine ! C'est .... qui t'apprécie ! On ne te dira pas son nom !

Unité 3 — Organisez votre travail

GRAMMAIRE
Outil ling. n° 3 p. 50

4 Une idée révolutionnaire

Les pronoms indéfinis

Complétez l'article avec le pronom indéfini qui convient.

(1) .... a eu une excellente idée : un smartphone dont l'écran se déplie pour se transformer en tablette. Voilà (2) .... de révolutionnaire que les opérateurs de téléphonie attendent depuis longtemps. Tranquillement installé dans votre fauteuil, vous lisez un article de journal ou envoyez vos mails depuis votre dernier gadget électronique. Vous pouvez déplier et replier l'écran et vous (3) .... risquez .... : pas la moindre fêlure* d'écran ou de gros dégâts. Plusieurs prototypes sont à l'étude mais (4) .... sait quand l'appareil sera commercialisé.

* Fêlure : petite fente sans que le verre soit cassé.

VOCABULAIRE
Retenez p. 45

5 Organisation du travail et mots croisés

Retrouvez les 7 mots qui parlent d'organisation au travail.

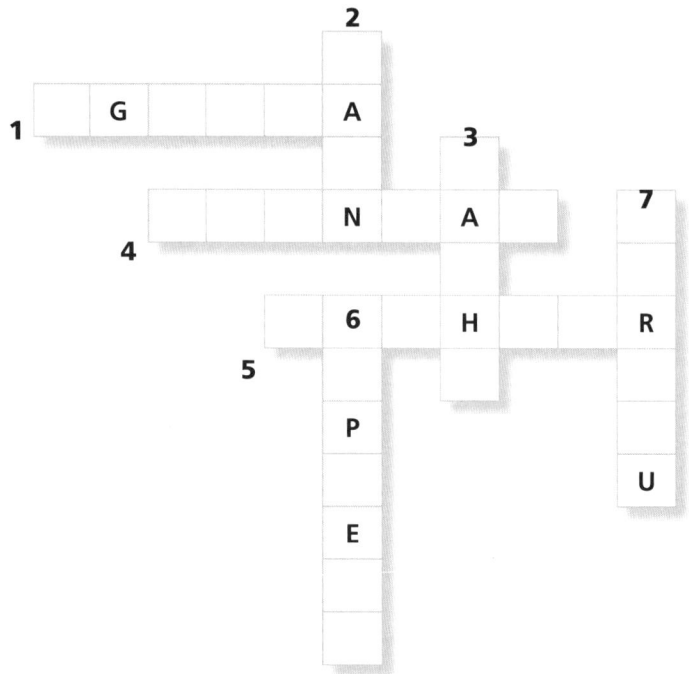

1. C'est un outil qui permet de noter ses rendez-vous.
2. C'est une économie de temps.
3. C'est un travail à faire.
4. C'est un intervalle de temps disponible ou non.
5. C'est un ensemble d'informations numériques réunies sous un même nom.
6. C'est quelque chose qui n'est pas attendu.
7. C'est l'écran qui apparaît lors du démarrage de l'ordinateur.

Unité 3   Organisez votre travail

c Problèmes d'organisation

GRAMMAIRE
↘ *Outil ling.*
n° 4 p. 51

6 Avec des si...

■ **L'imparfait et le conditionnel présent**

Associez chaque hypothèse d'un de vos collègues à une conséquence. Conjuguez les verbes.

1. Si on (change) .... mon ordinateur	a. la direction (augmenter) .... les salaires.
2. Si l'entreprise (faire) .... plus de bénéfices	b. nous (ne pas avoir) .... de problèmes de communication.
3. Si tu (prendre) .... le temps de classer tes tâches	c. vous (pouvoir) .... retrouver du temps pour vous.
4. Si nous (organiser) .... des réunions plus souvent	d. je (travailler) .... plus rapidement.
5. Si vous (finir) .... plus tôt	e. tu (gagner) .... du temps.

1.	2.	3.	4.	5.

GRAMMAIRE
↘ *Outil ling.*
n° 4 p. 51

7 À chacun sa tâche

■ **L'imparfait et le conditionnel présent**

A. Faites des phrases en associant chaque fonction à sa tâche.

Exemple : Si j'étais..., je...

Fonctions	Tâches
1. Responsable export	a. Être en charge de la sécurité du personnel
2. Responsable des achats	b. Rechercher des fournisseurs
3. Responsable financier	c. Prospecter des marchés à l'étranger
4. Responsable des ressources humaines	d. S'occuper du recrutement et de la formation des salariés
5. Responsable QSE	e. Gérer le budget de l'entreprise

1. ....
2. ....
3. ....
4. ....
5. ....

B. À vous d'imaginer un métier et les tâches que vous feriez.

COMMUNICATION

Si j'étais .... , je ....
....

Unité 3 — Organisez votre travail

GRAMMAIRE
↘ *Outil ling.*
n° 4 p. 51

8 Épuisement professionnel

L'imparfait et le conditionnel présent

A. Lisez le post d'Armelle et cochez les affirmations exactes.

Difficulté au travail	
Armelle	J'ai des soucis au boulot. Ça ne va pas avec ma chef. Elle est insupportable. Je fais des efforts mais ça ne va jamais. Mes collègues ne me soutiennent pas. Ils se plaignent de moi, ils trouvent que je suis lente et que je suis stressée. J'ai des difficultés à leur faire comprendre que j'ai trop de travail. Quand je rentre chez moi, je pense au boulot, je n'arrive pas à dormir et, quand je suis au travail, j'ai peur. Le problème, c'est qu'on n'est pas assez nombreux. Quand quelqu'un est absent, personne ne le remplace. Je ne compte pas mes heures et je rentre tard chez moi. Un jour, j'ai oublié le code d'accès à l'usine et un autre jour le nom de mon collègue. Je n'arrive pas à tout gérer : ma vie professionnelle et ma vie privée. Je suis agressive avec ma famille. Et en plus, ce matin, j'ai oublié de traiter un dossier très important. Je suis épuisée. Je crains un « burn out »*. J'ai besoin de conseils.
Moi	Si j'étais toi, je ....

* Burn out : épuisement professionnel.

COMPRÉHENSION

↘ *Retenez p. 47*

☐ **1.** Armelle a trouvé de l'aide auprès de ses collègues.
☐ **2.** Armelle exprime des problèmes d'organisation au travail.
☐ **3.** L'entreprise manque de personnel.
☐ **4.** Armelle a parfois des problèmes pour se rappeler les choses.
☐ **5.** Armelle suggère des solutions.

COMMUNICATION

B. Répondez à Armelle et donnez-lui des conseils.

Unité 3   Organisez votre travail

D Une réunion importante

GRAMMAIRE
↘ *Outil ling.*
n° 5 p. 51

9 Un patron inquiet

■ Discours indirect / Discours rapporté

Lisez le mail et rapportez à un de vos collègues ce que votre client dit et demande. N'oubliez pas de changer les pronoms et les adjectifs possessifs, si nécessaire.

Mémo

Quand on rapporte des paroles ou des pensées, on relie les phrases avec **que** :
*Armelle dit **qu'**elle est fatiguée.*
Quand on rapporte une question simple, on utilise **si** :
*Il demande **si** tu viens à la réunion.*
Avec **quand**, **comment**, **où**, etc., on supprime l'inversion au discours indirect :
Quand partez-vous en mission ?
→ *Il demande **quand** vous partez en mission.*
Que, **qu'est-ce que** et **qu'est-ce qui** deviennent **ce que** et **ce qui** :
*Il demande **ce que** voulez. Il demande **ce qui** se passe.*
⚠ *Je ne sais pas ~~qu'est-ce~~ qu'il fait.*
→ *Je ne sais pas **ce qu'**il fait.*
Quand le verbe est à l'**impératif**, on emploie **demander de** + infinitif.
Viens → *Je te demande de venir.*

À : andrea@OE.fr
De : jeansader@OE.fr
Sujet : Informations

Bonjour Andréa,

(1) Je dois préparer mon rendez-vous avec votre chef de production, M. Foirat, et

(2) j'ai besoin d'informations : (3) Avez-vous bien reçu notre charte qualité ?

(4) Qu'est-ce que vous utilisez comme matières premières ? (5) Quand est-ce que vous pouvez nous livrer les échantillons ?

(6) Je viendrai vous voir jeudi avec ma responsable commerciale. (7) Prévenez votre chef de production s'il vous plaît et (8) dites-lui que nous serons là vers 10 heures.

Merci d'avance,

Jean Sader

Il dit / il demande…

1. ....
2. ....
3. ....
4. ....
5. ....
6. ....
7. ....
8. ....

Unité 3 — Organisez votre travail

GRAMMAIRE
↘ *Outil ling. n° 5 p. 51*

10 La photographie, ma passion

■ **Discours indirect / Discours rapporté**

A. Lisez cette interview entre un journaliste et une photographe et choisissez la bonne réponse.

> LE JOURNALISTE : Que faisiez-vous avant d'être photographe ?
>
> LA PHOTOGRAPHE : J'ai d'abord été enseignante. Au bout de 17 ans, je me suis lancée dans la photo et j'ai fait des stages pratiques puis j'ai rejoint un club de photos.
>
> LE JOURNALISTE : Comment est venue la passion de la photo ?
>
> LA PHOTOGRAPHE : J'avais un intérêt pour tous les arts. J'ai pris des cours de dessin. La peinture a toujours fait partie de ma vie. Ma mère était peintre et je faisais des photos pour mon plaisir.
>
> LE JOURNALISTE : Qu'est-ce qu'ont apporté les voyages dans votre métier ?
>
> LA PHOTOGRAPHE : Au début, je réalisais des photos en noir et blanc. Grâce à mes voyages en Asie et à ma découverte de l'Inde, j'ai changé et je suis devenue une photographe coloriste.
>
> LE JOURNALISTE : Vous avez aussi fait des livres…
>
> LA PHOTOGRAPHE : J'ai fait plusieurs ouvrages de photographies et le premier était inspiré par de petits poèmes japonais.
>
> LE JOURNALISTE : Où avez-vous exposé ?
>
> LA PHOTOGRAPHE : J'ai fait plusieurs expositions à Singapour où j'ai été expatriée, puis à Paris. J'ai des contrats avec des galeries d'art à Shanghai et aux États-Unis.
>
> LE JOURNALISTE : Quelle est l'importance d'être représentée à l'international, pour vous ?
>
> LA PHOTOGRAPHE : Je trouve que c'est essentiel. Quand on décide de faire une photo, c'est pour la montrer. Les sensibilités ne sont pas les mêmes dans tous les pays. Les Japonais, par exemple, aiment beaucoup le travail artistique.
>
> LE JOURNALISTE : Que peut-on vous souhaiter ?
>
> LA PHOTOGRAPHE : J'espère exposer bientôt au Japon. C'est mon rêve.

COMPRÉHENSION

1. Quel était le premier métier de la photographe ?

☐ **a.** peintre ☐ **b.** professeur ☐ **c.** dessinatrice

2. Où la photographe a-t-elle habité ?

☐ **a.** en Inde ☐ **b.** en Chine ☐ **c.** à Singapour

3. Dans combien de pays la photographe expose-t-elle ?

☐ **a.** 3 ☐ **b.** 4 ☐ **c.** 5

COMMUNICATION

B. Racontez le début de l'interview (jusqu'à « photographe coloriste »). Utilisez le discours indirect et employez les verbes : *demander, vouloir savoir, répondre, raconter, dire, expliquer, indiquer, préciser, ajouter, répliquer.*

Exemple : Le journaliste demande à la photographe ce qu'elle faisait avant d'être photographe.

....
....
....
....
....
....
....

Unité 3   Organisez votre travail

GRAMMAIRE
↘ Outil ling.
n° 5 p. 51

11 Une réunion bien organisée

■ Discours indirect / Discours rapporté

Un collègue vous rapporte des paroles. Transformez les paroles rapportées (discours indirect) en paroles dites (discours direct).

1. Le directeur export demande quand a lieu la réunion.

→ ....

2. La DRH veut savoir si la salle est réservée.

→ ....

3. L'assistante demande combien il y aura de participants.

→ ....

4. La DRH demande d'envoyer un mail de convocation.

→ ....

5. Le chef de projet veut savoir quel sera l'ordre du jour.

→ ....

6. Le contremaître déclare qu'il sera absent.

→ ....

7. La DRH veut savoir qui rédigera le compte rendu.

→ ....

8. Le directeur général demande ce que contiendra le compte rendu.

→ ....

GRAMMAIRE
↘ Outil ling.
n° 6 p. 51

12 Que de raisons !

■ Le plus-que-parfait

Complétez les phrases. Mettez les verbes au plus-que-parfait pour raconter ce qui s'est passé.

L'entretien s'était mal passé parce qu' :

1. il (arriver en retard) ....

2. il (critiquer son chef) ....

3. il (ne pas atteindre les objectifs) ....

4. il (poser des questions stupides) ....

5. il (répondre à un appel sur son portable) ....

6. il (exiger une grosse augmentation) ....

7. il (mentir sur ses résultats) ....

8. il (partir en claquant la porte) ....

Unité 3 — Organisez votre travail

COMMUNICATION

13 Échanges

↘ *Retenez p. 49*

Lisez les paroles dites en réunion et cochez la case qui indique ce que fait la personne.

	Il / Elle annonce l'ordre du jour	Il / Elle donne la parole	Il / Elle prend la parole	Il / Elle pose une question	Il / Elle garde la parole	Il / Elle conclut
1. Ce sera tout pour aujourd'hui.						
2. Je voudrais ajouter une précision.						
3. Allez-y ! Je vous en prie.						
4. Vous permettez ?						
5. Nous sommes réunis pour…						
6. Je peux ajouter quelque chose ?						
7. Rien à ajouter ?						
8. Excusez-moi de vous couper la parole.						
9. S'il vous plaît, je peux terminer ?						
10. je voudrais savoir combien…						

COMMUNICATION

14 Les bons usages

↘ *Repères p. 54 et 55*

Dites si les affirmations sont vraies ou fausses.

	Vrai	Faux
1. Un compte rendu doit toujours être signé.		
2. Il est nécessaire de préciser le but de la réunion.		
3. On sait qui sont les personnes absentes.		
4. On peut citer le nom des intervenants.		
5. On commence la rédaction du compte rendu par un titre de civilité.		
6. On inscrit le nom de tous les participants.		
7. En France, c'est en réunion qu'on prend les décisions.		
8. En France, on peut changer l'ordre du jour pendant la réunion.		
9. En France, les participants à une réunion sont toujours ponctuels.		
10. Le compte rendu est un document diffusé à tous les salariés.		

Unité 3 — Organisez votre travail

PHONÉTIQUE

15 Les groupes rythmiques

Mémo

Pour prononcer une phrase longue, il faut la couper en groupes rythmiques. Un groupe rythmique = une idée.
Exemple : *Une nouvelle réunion / est prévue le 17 avril.* → Deux idées.

A. Lisez chaque phrase et notez à l'aide d'une barre (/) les groupes rythmiques.

1. On propose à nos clients un service ouvert 24 heures sur 24 mais on n'est pas assez nombreux dans le service.

2. Et si tu constituais des équipes avec des gens qui travailleraient le jour et des gens qui travailleraient la nuit ?

3. Parfois, des clients appellent tôt le matin mais ils tombent sur le répondeur parce que personne n'arrive à l'heure au bureau.

4. Ensuite, quand un collaborateur est absent, personne ne le remplace à cause de notre problème d'effectif.

5. Les clients ne sont pas contents parce que leurs dossiers ne sont pas traités et ils donnent de mauvais avis sur les réseaux sociaux.

6. Je vous rappelle que nous sommes réunis pour parler de l'expatriation de notre personnel.

Mémo

La voix monte à la fin de chaque groupe rythmique d'une phrase sauf pour le dernier où elle descend.

12 B. Écoutez pour vérifier et répétez.

PHONÉTIQUE

16 Les liaisons/enchaînements vocaliques/enchaînements consonantiques

13 Pour chaque phrase, écoutez et barrez les lettres finales qui ne se prononcent pas.

Exemple : *Je liste les affaires à faire en priorité.*

1. Je peux déjà vous apporter une dizaine de montures lundi.

2. Les frais de scolarité des enfants seront payés ?

3. Parfait ! Vous n'avez rien à ajouter ?

4. Quand un collaborateur est absent il faut le remplacer, c'est important.

PHONÉTIQUE

17 Les liaisons/enchaînements vocaliques/enchaînements consonantiques

14 Écoutez et observez comment sont prononcés les enchaînements vocaliques (‿) et consonantiques (en gras). Puis répétez.

Exemple : *Je liste les tâ**ch**es à faire **en** priorité.*

1. Il **y** a le problème des retards.

2. Parfois des clients‿appellent tôt le matin.

3. Je serai‿en Belgique pou**r un** salon.

4. J'avais prévu‿une réunion mais je l'ai‿annulée car je n'avais pas les informations.

Unité 4 — Vendez vos produits et services

A Une étude de marché

GRAMMAIRE
COMMUNICATION

↘ Outil ling.
n° 1 p. 68

1 Parlez-nous de votre véhicule de fonction !

■ L'interrogation à la forme soutenue

Retrouvez les 14 questions pour un questionnaire à destination des bénéficiaires de voitures de fonction de l'entreprise. Choisissez un élément dans chaque ensemble. Écrivez-les sur une feuille à part.

Exemple : Depuis combien de temps utilisez-vous un GPS ?

Depuis combien de temps	possédez-vous	votre véhicule de fonction ?
Combien de kilomètres	effectuez-vous	chaque année ?
Pour quels trajets	utilisez-vous	sur votre véhicule de fonction ?
Quelles options	souhaitez-vous	un GPS ?
À quelle fréquence	possède-t-il	à l'essence ou au diesel ?
Votre véhicule de fonction	roule-t-il	pour vos déplacements personnels ?
		2 ou 4 portes ?

COMMUNICATION
GRAMMAIRE

↘ Outil ling.
n° 1 p. 68

2 Prochain conseil d'administration

■ L'interrogation à la forme soutenue

Lisez le message puis, sur une feuille à part, rédigez le mail formel que vous demande votre collègue. Utilisez la forme soutenue.

> Alice,
> Pourrais-tu demander à l'assistante RH si, en septembre, la réunion du conseil d'administration aura bien lieu le premier lundi du mois comme d'habitude ? À cause des travaux, on devra les changer de salle. Où est-ce qu'ils préfèrent se réunir : Montparnasse ou La Défense ? Et est-ce qu'ils voudront des plateaux repas ? Combien ? La présidente logera dans le studio du 6e arrondissement la veille ?
> Merci d'envoyer le mail.
> Pierre

Unité 4 — Vendez vos produits et services

COMMUNICATION
VOCABULAIRE

↘ Retenez p. 61

3 Un problème de synchronisation

Complétez le message à l'aide des mots suivants : *périphérique, connexion, sauvegarde, sécurité.*

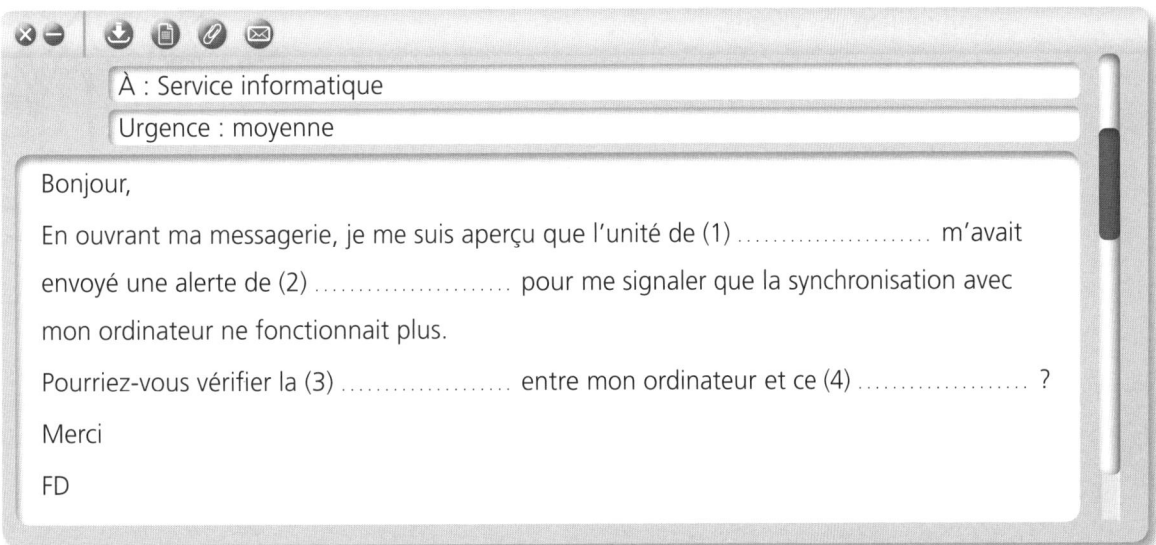

Bonjour,

En ouvrant ma messagerie, je me suis aperçu que l'unité de (1) ………………… m'avait envoyé une alerte de (2) ………………… pour me signaler que la synchronisation avec mon ordinateur ne fonctionnait plus.

Pourriez-vous vérifier la (3) ………………… entre mon ordinateur et ce (4) ………………… ?

Merci

FD

B Une offre intéressante

GRAMMAIRE

↘ Outil ling.
n° 2 p. 68

4 Un nouveau bien traité

■ Le pronom relatif *dont*

Reliez les deux phrases avec le pronom relatif *dont*. Vous pouvez inverser les phrases, si nécessaire.

1. Notre entreprise propose à ses salariés de nombreux avantages. Vous pourrez bénéficier de ces avantages.

→ ....

....

2. La salle de repos est très agréable. Les salariés disposent d'une salle de repos.

→ ....

3. Vous aurez sûrement besoin de matériel. N'hésitez pas à m'indiquer ce matériel !

→ ....

4. Vous pouvez faire confiance à votre assistante. Ses compétences sont incontestables.

→ ....

5. Voici le dernier né de notre gamme Flora. Nous sommes très fiers de notre dernier né !

→ ....

6. Pour ce produit, nous sommes en train de monter une campagne de publicité. Nous parlerons de la campagne de publicité mercredi en réunion.

→ ....

....

Unité 4 — **Vendez vos produits et services**

COMMUNICATION GRAMMAIRE

↘ *Outil ling. n° 2 p. 68*

5 Un bon vendeur !

■ **Le pronom relatif *dont***

Continuez les phrases avec des arguments-choc pour convaincre vos clients.

1. Je vous assure que c'est un matériel dont ....

....

....

2. Il nous est fourni par un créateur dont ....

....

....

3. De plus, nous vous offrons des conditions de paiement dont ....

....

COMMUNICATION

↘ *Retenez p. 63*

6 Un encart publicitaire

A. Un télé-conseiller est chargé de contacter des entreprises pour leur vendre des espaces ou encarts publicitaires dans une revue professionnelle. Il parle avec des clients potentiels (prospects). Lisez les paroles du télé-conseiller et du prospect et cochez la case qui indique l'objectif de la personne qui parle.

Quand il/elle dit...	Il/Elle cherche à convaincre.	Il/Elle formule une réticence, une objection.	Il/Elle répond à une objection.	Il/Elle reporte une décision.
1. Nous faisons déjà paraître des publicités dans plusieurs revues.				
2. Nos tarifs sont inchangés depuis 1 an.				
3. Malheureusement, notre budget pour cette année est presque épuisé.				
4. Il faudrait que j'en parle avec mon responsable.				
5. Votre magazine ne correspond pas à notre cible.				
6. Dans ce cas, je vous propose de vous laisser réfléchir et de vous rappeler dans une semaine.				
7. Je comprends mais notre magazine est le plus lu de la profession.				
8. Je vous propose de faire paraître un encart gratuitement pendant 4 semaines.				

B. Utilisez au moins 3 répliques du tableau ci-dessus pour construire un mini-dialogue de 5 répliques entre le télé-conseiller et le prospect. Inventez les autres répliques.

Télé-conseiller : ....

Prospect : ....

Télé-conseiller : ....

Prospect : ....

Télé-conseiller : ....

COMMUNICATION

↘ *Retenez p. 63*

7 Une cliente à convaincre absolument

Vous êtes agent commercial pour Loisirs +, un club qui propose des réductions pour des sorties, des spectacles, des restaurants, etc. en échange d'un abonnement annuel. Lisez le message d'une de vos prospects. Écrivez-lui un mail, sur une feuille à part, pour tenter de la faire changer d'avis : répondez à ses objections et faites-lui une/des nouvelle(s) proposition(s) pour la convaincre de s'abonner.

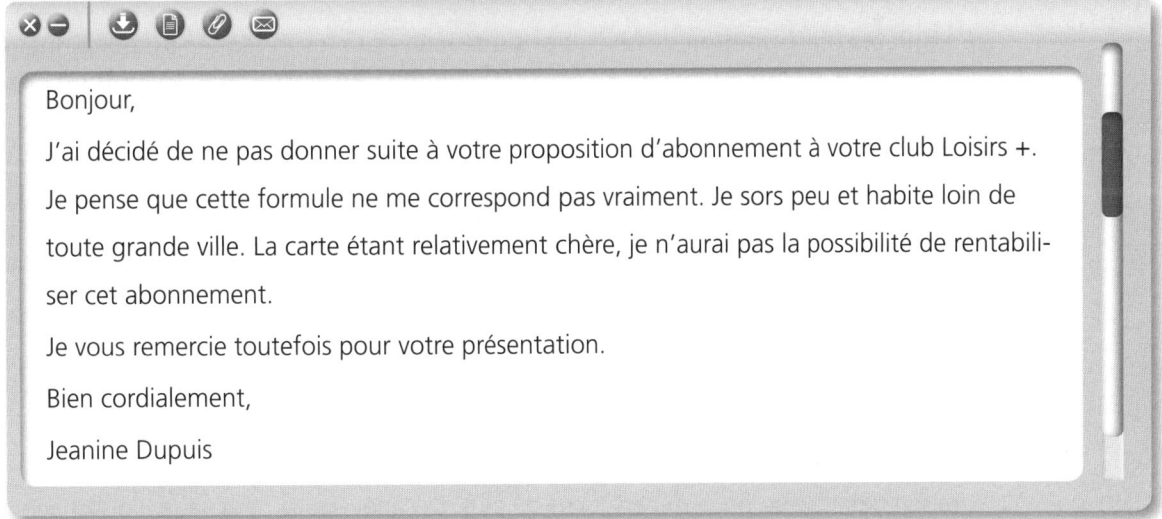

Bonjour,

J'ai décidé de ne pas donner suite à votre proposition d'abonnement à votre club Loisirs +. Je pense que cette formule ne me correspond pas vraiment. Je sors peu et habite loin de toute grande ville. La carte étant relativement chère, je n'aurai pas la possibilité de rentabiliser cet abonnement.

Je vous remercie toutefois pour votre présentation.

Bien cordialement,

Jeanine Dupuis

41

Unité 4 — Vendez vos produits et services

C Excellentes conditions de vente

GRAMMAIRE
↘ *Outil ling. n° 3 p. 69*

8 Au sujet de votre commande

■ La voix passive

Cochez pour indiquer si la phrase est à la voix active ou passive.

	Voix active	Voix passive
1. Le livreur est revenu le lendemain.		
2. Le livreur est immédiatement prévenu de votre absence.		
3. Le montant total était mentionné en bas de la facture.		
4. Les marchandises étaient défectueuses à l'arrivée dans notre entrepôt.		
5. La commande sera validée dès réception du règlement.		
6. Le transporteur sera sûrement parti quand vous arriverez.		
7. Les factures anciennes sont descendues aux archives tous les 6 mois.		
8. Le paiement a été effectué par virement.		
9. L'annulation de la commande est intervenue trop tard.		
10. Les articles seraient éventuellement remplacés.		

GRAMMAIRE
↘ *Outil ling. n° 3 p. 69*

9 Installations pour les salariés

■ La voix passive

Complétez l'information diffusée dans une usine par les délégués du personnel en mettant les verbes à la forme passive, au présent, comme dans l'exemple. (Attention aux accords des participes passés !)

Les locaux de repos et de restauration font l'objet d'une réglementation dans le Code du travail (art. R232-2 et suivants), dont voici quelques extraits :

Les vestiaires collectifs et les lavabos (installer) *sont installés* dans un local spécial de surface convenable, isolé des locaux de travail. Ils (aérer) (1) .... Les vestiaires collectifs (doter) (2) .... d'un nombre suffisant de sièges et d'armoires individuelles. Les armoires individuelles (munir) (3) .... d'une serrure ou d'un cadenas.

Dans les lavabos, l'eau est à température réglable et (distribuer) (4) .... à raison d'un lavabo pour 10 personnes ou plus. Des moyens de nettoyage, de séchage ou d'essuyage appropriés (mettre à disposition) (5) .... des travailleurs. Ils (entretenir et changer) (6) .... chaque fois que cela est nécessaire. Dans les douches, afin de réduire le risque de brûlures, la température de l'eau chaude (limiter) (7) .... à 50 °C.

Le local de restauration (équiper) (8) .... de sièges et de tables en nombre suffisant. Il (pourvoir) (9) .... d'un moyen de réfrigération des aliments et d'une installation permettant de réchauffer les plats.

Unité 4 — Vendez vos produits et services

VOCABULAIRE

Retenez p. 65

10 Annulation de commande

Complétez les messages de ce forum Internet à l'aide des mots suivants sans changer leur forme : *déposer, rembourser, recevoir, retourner, rétractation, livraison, réception, produit, emballage, mail de confirmation, annulation, remboursement, prix, frais de livraison, commandé, envoyé, annulée, emballée, passée, expédiée.*

SUJET : QUI A DÉJÀ ANNULÉ UNE COMMANDE SUR INTERNET ?	
Elidor — 5 janvier à 17:47:27	Je viens d'annuler une commande qui était en cours de préparation, elle doit partir demain ou après-demain au plus tard. Maintenant, je ne sais pas si le site va lire mon mail avant d'envoyer la commande. Quelqu'un a déjà été dans mon cas ? Merci.
Super28 — 5 janvier à 17:48:34	T'as (1) .... quoi ? S'ils t'ont déjà (2) .... la commande, quand tu l'auras reçue, tu auras juste à (3) .... ton article à la poste. Ils vont te (4) .... après.
MrNobody — 5 janvier à 17:49:34	Attention, on ne peut plus exercer son droit de (5) .... avant de recevoir sa commande achetée en ligne ! Le vendeur peut l'annuler mais la loi dit qu'il n'est plus possible pour l'acheteur de demander à être remboursé, d'un achat effectué en ligne, avant la (6) .... Il faudra donc attendre la (7) .... de votre commande pour ensuite la renvoyer à vos propres frais.
MP — 5 janvier à 18:12:22	Tu vas (8) .... un mail qui va te dire soit que c'est trop tard soit que ta commande est (9) .... Et, si c'est trop tard, t'auras juste à renvoyer le (10) .... dans son (11) .... d'origine pour être remboursé.
Keyes — 5 janvier à 19:21:41	En général, quand tu annules, tu reçois un (12) .... dans la minute qui suit. Si tu l'as pas reçu, la commande est peut-être déjà (13) .... et donc l'(14) .... est impossible. Mais, pour obtenir le (15) .... de ton achat, il te suffira de (16) .... les produits au commerçant (en recommandé pour plus de sûreté). Celui-ci devra te rembourser le (17) .... payé ainsi que les (18) .... à ton domicile. Par contre, les frais de réexpédition seront à ta charge.
Elidor — 5 janvier à 21:02:32	Merci à tous pour vos réponses. En fait, c'est pas un mail que j'ai envoyé mais un message par l'intermédiaire de leur site expliquant pourquoi je veux annuler ce produit (commande (19) .... par erreur et je ne m'en rends compte que maintenant, mais bon elle n'est pas encore (20) ....). Voilà !

Unité 4 — Vendez vos produits et services

D Fiche pratique

GRAMMAIRE
↘ *Outil ling. n° 4 p. 69*

11 Nouveau travail

■ Le subjonctif présent

C'est le premier jour d'Océane dans une boutique. Sa responsable lui donne des instructions et un collègue la rassure. Complétez.

Océane, il est très important que vous (être accueillante) (1) .... et que vous (rester) (2) .... à la disposition des clients. Certains clients sont très exigeants, il faut que vous (s'adapter) (3) .... à leurs besoins. Quand il n'y a pas de client dans la boutique, vous devez faire le réassort, c'est-à-dire qu'il faut que vous (déballer) (4) .... les livraisons du jour et que vous (remplir) (5) .... les rayonnages. Une étagère ne doit jamais être vide et il est indispensable que nos nouveaux produits (pouvoir) (6) .... être mis en avant le plus vite possible.

Il ne faut pas que tu (se faire) (7) .... trop de souci, la responsable est très cool, en fait ! Mais c'est vrai qu'il est important que nous (avoir) (8) .... une attitude très professionnelle et que nous (savoir) (9) .... garder le sourire en toute circonstance. Et pour commencer, il faut que tu (venir) (10) .... dans les vestiaires et que tu (prendre) (11) .... ta tenue et ton badge !

VOCABULAIRE GRAMMAIRE
↘ *Outil ling. n° 5 p. 69*

12 Une équipe surprenante

■ Les adverbes en *-ment*

Trouvez les adverbes construits à partir des adjectifs proposés et utilisez-les pour répondre aux questions concernant vos collègues. Vous pouvez vous aider des mots en gras dans les phrases.

calme – franc – poli – généreux – actif – timide – fréquent

1. – Patrick est toujours aussi **nerveux** ?

– Non, ça s'arrange, il agit beaucoup plus ....

2. – Sandrine a encore été **hypocrite** lors de la dernière réunion ?

– Non, pour une fois, elle a répondu ....

3. – Laurent est aussi **expansif** face aux clients ?

– Pas du tout. Lors de sa dernière présentation, il parlait presque ....

Unité 4   **Vendez vos produits et services**

4. – Les collègues sont plutôt **passifs** pendant la formation ?

– Non, dans ce groupe, ils participent ....

5. – Ton patron est toujours aussi **avare** sur les primes ?

– Non, cette année, à Noël, il nous a rémunérés ....

6. – J'ai trouvé le nouveau commercial assez **irrespectueux** dans sa façon de parler.

– Pas moi, je trouve qu'il s'est adressé à nous ....

7. – Les retards de Martine sont devenus **rares** maintenant qu'elle habite plus près ?

– Pas du tout, cela arrive encore très ....

VOCABULAIRE
↘ *Retenez p. 67*

13 Une sélection bien cachée

Retrouvez les mots suivants dans la grille. Ils sont cachés à l'horizontale, à la verticale ou en diagonale.

consommatrice – étagère – message – échantillon – supermarché – marque – étiquette – gamme – rayon – référence – attirer – comparer – tester – analyser – emballage

R	L	O	B	F	M	D	E	C	Z	M	M	Y	W	P	A	C
A	É	T	I	Q	U	E	T	T	E	Q	A	D	E	G	B	C
Y	Q	W	N	Y	A	M	S	P	Y	N	Y	R	T	U	A	U
O	K	O	I	U	T	V	T	S	M	B	D	É	Q	J	D	D
N	W	O	C	F	T	É	E	E	A	W	E	F	C	U	T	Q
B	O	J	R	N	I	T	S	U	F	G	E	É	O	E	E	S
X	P	M	T	I	R	A	T	K	Q	J	E	R	N	M	E	G
K	C	K	X	X	E	G	E	E	D	J	E	E	S	B	W	A
Y	Y	O	F	W	R	È	R	U	U	E	C	N	O	A	B	M
Q	V	F	M	Q	X	R	A	L	C	D	D	C	M	L	A	M
P	A	O	X	P	K	E	E	S	Y	I	R	E	M	L	U	E
D	Q	É	C	H	A	N	T	I	L	L	O	N	A	A	O	S
X	I	I	I	O	U	R	E	J	Q	Q	Y	A	T	G	S	G
C	W	A	V	O	L	F	E	L	M	B	O	U	R	E	A	D
A	N	A	L	Y	S	E	R	R	E	A	E	C	I	K	E	E
A	U	B	E	J	S	U	P	E	R	M	A	R	C	H	É	Y
P	W	X	W	W	J	I	U	R	P	Z	G	H	E	L	Y	E

45

Unité 4 — Vendez vos produits et services

PHONÉTIQUE

14 Les nasales [ã] / [õ] / [ɛ̃]

Mémo 🔊 15

Pour prononcer [õ] : la position des lèvres est la même que pour le [o].
Pour prononcer [ã] : la position des lèvres est la même que pour le [ɑ].
Pour prononcer [ɛ̃] : la position des lèvres est la même que pour le [ɛ].

🔊 16 **Dans quel ordre entendez-vous chaque série de mots ? Écoutez et écrivez 1, 2, 3.**

1. Ment .... / Mon .... / Main ....
2. Rang .... / Rond .... / Rein ....
3. Cent .... / Son .... / Saint ....
4. Lent .... / Long .... / Lin ....

PHONÉTIQUE

15 Les nasales [ã] / [õ] / [ɛ̃]

🔊 17 **Écoutez les phrases suivantes puis répétez.**

1. La comm**an**de [ã] de monsieur C**on**sort [õ] est **im**port**an**te [ɛ̃] [ã].
2. Nous vous propos**on**s [õ] ce r**em**bourse**men**t [ã] [ã], ce qui est **in**téress**an**t [ɛ̃] [ã].
3. Il faut **in**diquer [ɛ̃] les n**om**s [õ] des cli**en**ts [ã] !
4. Nous voul**on**s [õ] le conv**ain**cre [ɛ̃] efficace**men**t [ã].
5. Il a c**on**staté [õ] une bonne **am**bi**an**ce [ã] [ã] d**an**s [ã] ce magas**in** [ɛ̃].
6. Il a des cr**ain**tes [ɛ̃] en ce qui c**on**cerne [õ] la pr**é**s**en**tati**on** [ã] [õ] de ce projet.

PHONÉTIQUE

16 Les nasales [ã] / [õ] / [ɛ̃]

Mémo

N'oubliez pas que le **n** devant **p**, **b** et **m** devient **m** à l'écrit !

🔊 18 **Écoutez et complétez les mots avec les lettres manquantes pour faire les sons [ã], [õ] et [ɛ̃].**

1. Il est __ __portant de noter les référ__ __ces de chaque produit.
2. Le r__ __boursem__ __t de cette march__ __dise se fera dem__ __ __.
3. Il faut que l'__ __ballage ait un __ __pact sur le c__ __sommateur.
4. Nous pouv__ __s les tr__ __sporter facilem__ __t __ __ utilis__ __t un bouch__ __ __.
5. Cette c__ __pagnie propose des éch__ __till__ __s à ses cli__ __ts.

Entraînement au DELF PRO B1

Contexte professionnel : S'impliquer dans des tâches professionnelles. À l'aide de documents de travail et en lien avec des équipes, vous accomplissez différentes missions professionnelles.

Épreuves collectives	Durée	Note sur
Compréhension de l'oral : Réponse à des questionnaires de compréhension portant sur trois documents enregistrés ayant trait à des sujets concrets de la vie professionnelle (deux écoutes). Durée maximale des documents : 6 minutes.	25 minutes	/ 25
Compréhension des écrits : Réponse à des questionnaires de compréhension portant sur deux documents écrits ayant trait à des sujets relatifs au domaine professionnel : dégager des informations utiles par rapport à une tâche donnée ; analyser le contenu d'un document ayant trait à des sujets concrets de la vie professionnelle.	35 minutes	/ 25
Production écrite : Expression écrite d'une attitude personnelle sur un thème professionnel (message, note, rapport...).	45 minutes	/ 25
Épreuve individuelle	Durée	Note sur
Production et interaction orales : Épreuve en trois parties : 1. entretien dirigé ; 2. exercice en interaction ; 3. expression d'un point de vue à partir d'un document déclencheur.	15 minutes maximum Préparation : 10 minutes (3e partie)	/ 25
Seuil de réussite pour l'obtention du diplôme B1 : 50 /100 Note minimale requise par épreuve : 5 / 25	Note totale sur	/ 100

Compréhension de l'oral

Exercice : Cartes de visite

🔘 19 Vous venez d'être embauché(e) chez Vizart, une société spécialisée dans l'impression de cartes de visite personnalisables sur Internet.
Écoutez les explications données par un collègue et répondez aux questions en cochant la bonne réponse ou en écrivant l'information demandée.

1. Quelles mentions apparaissent sur le message ? *(2 réponses)*
- ❏ **a.** la date de la livraison
- ❏ **b.** le droit de rétractation
- ❏ **c.** la référence de la commande
- ❏ **d.** la date de paiement
- ❏ **e.** le nom du client
- ❏ **f.** le nombre de cartes commandées

2. En ce qui concerne le délai de livraison de la commande,
- ❏ **a.** il varie selon les produits commandés.
- ❏ **b.** il est de 8 jours.
- ❏ **c.** il est seulement d'une journée.

3. Où faut-il placer le bon de livraison ?
- ❏ **a.** sur le produit.
- ❏ **b.** avec le double du bon de commande.
- ❏ **c.** sur le paquet.

4. Quel est l'intitulé de la case à cocher quand la commande est prête ?
....

5. Comment connaît-on le nom du préparateur de la commande ?
....

6. Le client est informé de la date de la livraison
- ❏ **a.** sur le site de vente en ligne.
- ❏ **b.** sur le site du transporteur.
- ❏ **c.** sur le compte client.

Entraînement au DELF PRO B1

Compréhension des écrits

Exercice : Un appel d'offre

**Votre entreprise recherche un fournisseur de T-shirts et casquettes personnalisés avec le logo de l'entreprise pour les 20 ans de la société.
Lisez l'appel d'offres.**

Appel d'offre

Articles : – 200 T-shirts personnalisés au logo de l'entreprise
 – 100 casquettes personnalisées avec le logo de l'entreprise

Délai de livraison : sous huitaine maximum

Prix ferme, livraison, marquage et taxes inclus : T-shirt : 2,90 € maximum
 Casquette : 2,10 € maximum

Paiement par virement bancaire

Vous faites des recherches sur Internet et comparez les conditions de vente de trois fournisseurs. Lisez-les.

TS DISTRIBUTION	VETDESIGN	SPRINTSHIRT
Les caractéristiques des produits et leurs prix apparaissent à l'écran. Le minimum de commande acceptée en France est de 250 €. Commandes de plus de 250 €, sans frais de port*. L'envoi des quantités demandées sera soumis à la disponibilité des stocks des produits commandés (4 à 7 jours). Le paiement est à effectuer à la commande par carte bancaire ou virement. Nos prix s'entendent toutes taxes comprises : T-shirt : 2,40 € Casquette : 2 € Marquage : 0,10 € par produit	Les produits et services offerts sont ceux qui figurent sur le site de Vetdesign. Vetdesign se réserve le droit de modifier ses prix à tout moment. Les prix indiqués ne comprennent pas les taxes (TVA à 20 %) et les frais de transport. Le paiement par carte bancaire, chèque, virement, PayPal est exigible à la commande. Les délais de livraison ne sont donnés qu'à titre indicatif : de 48 h à 10 jours, en fonction des stocks. Tarifs dégressifs * T-shirts Casquettes 50 → 3,10 € 2,95 € 100 → 2,71 € 2,68 € 500 → 1,98 € 2,10 € *prix indicatif avec impression	Les produits proposés par la société Sprintshirt ne le sont que dans la limite des stocks disponibles. Les prix sont affichés en euros hors taxes, et hors frais de port. Ils sont soumis à la taxe sur la valeur ajoutée française. Les prix sont susceptibles d'être modifiés à tout moment notamment en raison d'un changement des prix des matières premières. Le contrat de vente n'est conclu qu'au moment du débit du compte du client pour les cartes de paiement, de la date de réception du virement en cas de virement bancaire et de celui de l'encaissement du chèque pour les paiements par chèque. Les délais de livraison varient selon le type de produit. En cas de commande de textile imprimé, le délai est d'une semaine après la validation de votre panier. Les livraisons sont expédiées franco de port pour les commandes de plus de 500 € HT, uniquement en France métropolitaine. Tarifs textile imprimé : T-shirts : 2,90 € Casquettes : 2,10 €

*Le port : le transport **Franco de port = sans frais de transport

1. Indiquez à l'aide d'une croix (✗) si chaque critère de l'appel d'offre est respecté ou non.

Conditions	TS DISTRIBUTION		VETDESIGN		SPRINTSHIRT	
	Oui	Non	Oui	Non	Oui	Non
Délai de livraison						
Frais de livraison inclus						
Prix ferme et définitif						
Prix des articles						
Moyen de paiement						

2. Quel fournisseur choisissez-vous ? ....

Entraînement au DELF PRO B1

Production écrite

Exercice : Rendre compte de ses activités

L'entreprise où vous travaillez souhaite étendre le télétravail. Vous faites partie des salariés qui ont opté pour ce mode de travail. Vous devez rédiger un rapport à votre direction en expliquant votre mode d'organisation personnel et en exprimant votre opinion sur cette nouvelle façon de travailler. Vous écrivez un texte de 160 mots minimum sur une feuille à part.

Production et interaction orales

1. Entretien dirigé. L'objectif est de décrire ses expériences.

Vous répondez aux questions de l'examinateur. Vous devez parler de vous, de vos activités professionnelles, de votre formation, de vos expériences et de vos projets professionnels. L'épreuve se déroule sur le mode de l'entretien avec l'examinateur qui amorcera le dialogue (exemple : « Bonjour. Pouvez-vous vous présenter, me parler de vous, de vos activités professionnelles… ? Qu'est-ce qui vous plaît dans votre travail, dans votre entreprise ? Qu'est-ce que vous aimeriez changer dans votre travail ?… »).

2. Exercice en interaction. L'objectif est de commenter un point de discussion.

Vous tirez au sort deux sujets et vous choisissez une situation.

Sujet ① **Réunion**	Sujet ② **Collaboration**
Vous trouvez que les réunions sont trop nombreuses dans votre service et vous font perdre du temps. Vous allez trouver votre responsable pour lui expliquer le problème et trouver une solution. L'examinateur est votre responsable.	Vous devez faire une étude de marché avec un(e) collègue mais vous ne souhaitez plus collaborer avec cette personne. Vous allez trouver votre chef. Vous faites part de vos difficultés de travailler avec ce/cette collègue. L'examinateur est votre chef.

3. Expression d'un point de vue. L'objectif est de donner des explications et prendre position.

Vous tirez au sort un des deux sujets. Vous dégagez le thème soulevé par le document et vous présentez votre opinion sous la forme d'un exposé personnel de 3 minutes environ. L'examinateur peut vous poser des questions.

Sujet ① **Épuisement au travail ou *burnout***	Sujet ② **Marketing digital**
Le monde du travail et la vie moderne peuvent conduire à cette situation difficile où une personne doit quitter son emploi en raison d'un épuisement professionnel, appelé « burn-out ». Le *burn-out* touche tous les types d'emploi. Les causes sont variées : journées de travail trop longues, surcharge de travail, pression sur la productivité… Beaucoup le considèrent comme le mal du siècle. À l'heure actuelle, les cas de *burn-out* ne cessent d'augmenter et certains demandent qu'on reconnaisse ce syndrome comme une maladie professionnelle.	Le marketing digital regroupe tous les outils interactifs digitaux pour promouvoir les produits et services dans le cadre de relations personnalisées et directes avec les consommateurs. Il concerne tous les points de contacts digitaux : Internet, smartphones, tablettes. Au sein de ces nouvelles actions de communication digitale, les réseaux sociaux représentent la nouvelle priorité des directions marketing. Le marketing digital surpasse les autres formes de marketing pour cibler des acheteurs potentiels. Mais les outils de ciblage utilisés sont souvent à la frontière de la légalité et du respect de la vie privée des internautes.

Unité 5 — Partez à l'international

A Expérience valorisante

GRAMMAIRE
↘ *Outil ling.*
n° 1 p. 84

1 Projet d'expatriation

■ Le subjonctif présent et l'infinitif

Un collègue vous fait part de son projet d'expatriation. Complétez ses paroles avec les mots entre parenthèses. Utilisez le subjonctif, l'infinitif ou le futur de l'indicatif pour exprimer ses souhaits ou sa volonté.

Exemple : (vous – prendre) Je souhaite que *vous preniez* rendez-vous avec mon assistante.

1. (je – partir) J'aimerais .... à l'étranger.
2. (nous – changer) Je voudrais .... de vie.
3. (ma société – ouvrir) Ma société veut .... une filiale en Amérique du sud.
4. (je – obtenir) Mon chef voudrait .... le poste de directeur.
5. (les conditions – être) Mais je veux .... intéressantes pour partir.
6. (nos enfants – connaître) Ma femme et moi avons envie .... d'autres cultures.
7. (nos enfants – apprendre) Nous désirons aussi .... les langues étrangères.
8. (on – retenir) J'espère .... ma candidature.
9. (ma demande – aboutir) Maintenant, je souhaite .... rapidement.
10. (nous – organiser) Si allons au Brésil, nous souhaiterions .... une grande fête avant notre départ.

> **Mémo**
> Pour exprimer une volonté / un souhait :
> – le subjonctif est seulement utilisé si les sujets des 2 verbes sont différents ;
> – quand les 2 verbes ont le même sujet, on utilise l'infinitif.
> ⚠ **Espérer que** + indicatif (futur simple) → *J'espère qu'il viendra*.
> Mais : **ne pas espérer** + subjonctif → *Je n'espère pas qu'il vienne*.

GRAMMAIRE
↘ *Outil ling.*
n° 2 p 84

2 Retour en France

■ Les indicateurs de temps : *depuis / il y a / ça fait / en / dans*

A. Complétez le témoignage de Martine Lombard publié dans un journal pour expatriés avec les indicateurs de durée qui conviennent.

TÉMOIGNAGE

(1) .... 5 mois que mon mari et moi sommes rentrés en France. Nous avons passé 8 ans à l'étranger : 3 ans en Irlande et 5 ans à Montréal. (2) .... un an, on ne pensait pas revenir en France mais on a dû rentrer pour des raisons familiales. On s'attendait à rencontrer des difficultés mais nous ne pensions pas rester au chômage longtemps. Malheureusement, (3) .... 3 mois, j'ai eu seulement 4 entretiens qui n'ont pas abouti. Mes amis français me disent : « Tu cherches seulement (4) .... 3 mois, c'est normal. Tu as eu des entretiens, c'est déjà bien. » Mon mari a eu plus de chance, il doit commencer un nouveau travail (5) .... un mois. Et si (6) .... un an, je ne retrouve pas de travail ; c'est décidé, nous repartirons à l'étranger. Les voyages, c'est notre passion. Nous avons fait de merveilleuses découvertes : le Japon, le Laos, l'Afrique du sud, le Brésil mais pas comme expatriés. (7) .... notre retour, j'ai ressenti les différences culturelles entre les modèles anglo-saxon et français. En France, les diplômes sont importants ; dans les pays anglo-saxons, c'est le savoir-faire qui compte. Je pense que, dans ces pays, je pourrai trouver un travail (8) .... quelques semaines.

Martine Lombard

> **Mémo**
> **Depuis** : action commencée dans le passé et qui dure encore.
> **Depuis** s'emploie avec le présent.
> **Ça fait... que** = *depuis* mais la construction est différente.
> → *Je suis arrivée depuis 10 minutes.*
> = *Ça fait dix minutes que je suis arrivée.*
> **Il y a** ne s'emploie qu'avec un temps du passé.
> **En** indique la durée nécessaire pour accomplir une action.
> **Dans** indique une action future.

Unité 5 | Partez à l'international

COMPRÉHENSION

B. Cochez les affirmations qui sont correctes.

❏ **1.** Martine a été expatriée en famille dans des pays anglo-saxons.

❏ **2.** La famille de Martine a avancé son retour en France.

❏ **3.** Martine a trouvé un emploi en France.

❏ **4.** Martine a rencontré des recruteurs en France.

❏ **5.** Elle a obtenu un poste à l'étranger grâce à ses diplômes.

GRAMMAIRE

↘ *Outil ling.*
n° 3 p. 84

3 Une jeune étrangère à la maison

■ **L'accord du participe passé avec le verbe *avoir* et les pronoms COD**

Complétez l'interview de Carine avec les participes passés des verbes entre parenthèses. Attention aux accords !

LE JOURNALISTE : Vous avez (1. décider) .... d'accueillir une jeune fille chez vous. Pourquoi vous avez (2. choisir) .... d'accueillir une adolescente étrangère ?

CARINE : À l'âge de 14 ans, ma fille a (3. avoir) .... l'occasion d'aller dans une famille allemande pendant deux mois. Elle a (4. trouver) .... cette opportunité formidable. Cela nous a (5. donner) .... envie d'offrir la même opportunité à un adolescent étranger. Adriana, je l'ai (6. accueillir) .... pour lui donner la chance de connaître notre culture. Les courriels que nous avons (7. échanger) .... avec ses parents ont (8. permettre) .... de bien préparer sa venue. Nous les avons aussi (9. voir) .... grâce à Skype. À l'aéroport, Adriana nous a tout de suite (10. reconnaître) .... Elle est (11. arriver) .... avec un gros décalage horaire et nous l'avons (12. sentir) .... stressée. Elle avait peur de son entrée dans un lycée français car elle est très timide. Elle a aimé la chambre que nous avions (13. repeindre) .... et (14. meubler) .... pour elle. Elle a apprécié les plats que j'ai (15. préparer) .... mais la cuisine mexicaine lui manquait un peu. Elle a beaucoup (16. aimer) .... les visites que nous avons (17. faire) .... pour lui montrer notre région.

LE JOURNALISTE : Quand deux cultures se rencontrent, cela mène parfois à des étonnements. Avez-vous une anecdote* ?

CARINE : Adriana ne connaissait pas le froid. Il faisait une température entre 20 °C et 25 °C quand elle est (18. arriver) .... , mais elle disait qu'elle avait froid. Elle a aussitôt (19. mettre) .... le collant, le pantalon et le manteau qu'elle avait (20. apporter) .... dans sa valise !

LE JOURNALISTE : En résumé, l'accueil pour votre famille a été une expérience plutôt positive ?

CARINE : Oui, l'expérience que nous avons (21. vivre) .... est très riche. C'est un plaisir d'aider un jeune qui veut découvrir une autre culture et nous sommes prêts à recommencer.

* Une anecdote : une petite histoire

Unité 5 — Partez à l'international

B Un déplacement bien organisé

GRAMMAIRE
↘ *Outil ling. n° 4 p. 85*

4 Prêt à partir !

■ **L'expression du but** : *pour (que) / afin (de / que) / de manière (à / à ce que) / de façon (à / à ce que)*

> **Mémo**
> Pour exprimer le but
> **Pour** + infinitif : *J'ouvre mon sac pour **montrer** le contenu au douanier.*
> **Pour que** + subjonctif : *J'ouvre mon sac pour que le douanier **vérifie** le contenu.*
> **Afin (de / que)**, **de manière (à / à ce que)**, **de façon (à / à ce que)** s'utilisent en langage formel.
> ⚠ *Elle regarde son agenda **pour ne pas** oublier des rendez-vous.* (Et non « pour n'oublier pas »)

Des collègues donnent des conseils et des explications. Transformez les phrases pour exprimer le but de manière variée. Utilisez l'infinitif ou le subjonctif.

Exemple : Il s'organise bien. Il évite les mésaventures.
→ *Il s'organise bien pour / afin d' / de manière à / de façon à éviter les mésaventures.*

1. Il faut vérifier ton passeport. Tu n'auras pas de problème à la douane.
....

2. Pense à noter le numéro de ta carte de crédit. Fais opposition* en cas de vol.
....

3. Moi, je scanne toujours mon passeport et mes réservations. Je n'ai pas de problème en cas de vol.
....

4. Mettez vos dossiers sur une clé USB. Sauvegardez les documents importants.
....

5. Moi, je me renseigne auprès de mon opérateur téléphonique. Il me conseille un forfait adapté à mon voyage.
....

6. Prends tes identifiants et mots de passe. Tu accèdes à certains comptes Internet à l'étranger.
....

7. Préviens tes collègues. Ils sont au courant de ton absence.
....

8. Moi, je prends toujours un taxi. J'arrive à l'heure à l'aéroport.
....

9. Garde toutes tes factures. Tu te fais rembourser tes frais de déplacement.
....

10. Moi, je télécharge des applications de traductions sur ma tablette. Les partenaires me comprennent.
....

11. Mets dans ton sac un adaptateur universel de voyage. Tu pourras recharger tes appareils sur les prises du monde entier.
....

12. Tu dois emporter une pochette secrète de voyage. Tous les documents importants sont en sécurité.
....

* Faire opposition : demander l'arrêt des paiements

Unité 5 | Partez à l'international

COMMUNICATION
↘ Retenez p. 79

5 Faites jouer les garanties

Mémo
Au cas où + conditionnel
Si jamais + indicatif

Vous voulez souscrire une assurance voyage. On vous informe des garanties. Complétez avec la forme du verbe qui convient.

1. Si jamais vous (annuler) .... votre voyage, nous vous remboursons les frais.
2. Nous vous indemnisons au cas où vous (perdre) .... vos bagages.
3. Nous prenons en charge les frais médicaux au cas où vous (aller) .... à l'hôpital.
4. Si jamais vous (avoir) .... un accident, nous vous rapatrions.
5. Nous payons les frais de retour anticipé au cas où des événements graves (survenir) ....

COMMUNICATION
↘ Retenez p. 79

6 Tout est possible

Vous indiquez des situations possibles à des collègues qui partent en déplacement. Complétez les phrases.

1. Vérifie bien ton horaire de vol au cas où ....
2. Mettez des vêtements de rechange dans votre bagage de cabine au cas où ....
3. Si jamais tu dois annuler des rendez-vous, ...
4. Si jamais vous avez des dépenses importantes, ...
5. Emporte des médicaments au cas où ....
6. Si jamais vous voulez connaître l'avis des internautes sur les hôtels, ...

COMMUNICATION
↘ Outil ling.
n° 5 p. 85

7 Sondage

■ Le gérondif

Mémo
Le gérondif se rapporte à un verbe. Il a le même sujet que le verbe. Il indique que deux actions se passent en même temps.
Je salue mes collègues en arrivant.
Formation : *en* + participe présent (radical de la 1re personne du pluriel de l'indicatif présent + -*ant*)
⚠ *être* → *en étant* ;
avoir → *en ayant* ;
savoir → *en sachant*
⚠ Le gérondif est toujours invariable.

A. Mettez les verbes entre parenthèses au gérondif pour donner des précisions sur les résultats de l'étude suivante.

Les déplacements professionnels font partie du métier de commercial mais une étude montre que les pratiques des femmes et des hommes en matière de voyages ne sont pas tout à fait les mêmes.

(1. préparer) .... leur départ, les femmes doivent s'occuper de l'organisation de la maison pendant leur absence. Elles font leur valise (2. tenir compte) .... des codes vestimentaires du pays où elles vont. Ainsi, elles risquent moins de problèmes (3. arriver) .... Les hommes ont moins de préoccupations. (4. choisir) .... leur hôtel, les femmes favorisent la localisation. Pour les hommes, le premier critère est le prix. Face à ce constat, les hôteliers s'adaptent (5. offrir) .... de nouvelles prestations destinées aux femmes avec coiffeur et esthéticienne. (6. élargir) .... leur offre, les professionnels du secteur auront des chances de capter une nouvelle clientèle. (7. voyager) .... femmes et hommes reconnaissent l'opportunité de découvrir de nouvelles cultures.

53

Unité 5 — Partez à l'international

B. Relisez l'article et dites ce qu'expriment les gérondifs en écrivant le numéro des verbes.

1. Expression de manière : ....

2. Expression de la condition : ....

3. Expression du temps : ....

> **Mémo**
> Le gérondif peut être remplacé par :
> – une question avec *comment* → manière
> – un énoncé avec *si* → condition ou hypothèse
> – une question avec *quand* → temps

C Vols perturbés

GRAMMAIRE
↘ *Outil ling.*
n° 6 p. 85

8 Échanges utiles

■ **L'expression de la conséquence**

Cochez les phrases qui ont un sens logique dans les échanges suivants.

1. ❑ **a.** J'ai établi le contact à l'arrivée du nouveau collègue. Résultat, nous nous connaissons bien maintenant.

❑ **b.** Nous nous connaissons bien maintenant. Résultat, j'ai établi le contact à l'arrivée du nouveau collègue.

2. ❑ **a.** Nous avons pu alimenter la discussion si bien que nous avons beaucoup étudié ce dossier.

❑ **b.** Nous avons beaucoup étudié ce dossier si bien que nous avons pu alimenter la discussion.

3. ❑ **a.** Appelle-moi donc je te propose de discuter ensemble du problème.

❑ **b.** Je te propose de discuter ensemble du problème donc appelle-moi.

4. ❑ **a.** Éric a une nouvelle à annoncer alors il faut lui laisser la parole.

❑ **b.** Il faut lui laisser la parole alors Éric a une nouvelle à annoncer.

5. ❑ **a.** Nous aborderons des sujets importants, par conséquent je vous demande d'arriver à l'heure.

❑ **b.** Je vous demande d'arriver à l'heure par conséquent nous aborderons des sujets importants.

6. ❑ **a.** J'ai vite relancé la conversation alors il y a eu un silence.

❑ **b.** Il y a eu un silence alors j'ai vite relancé la conversation.

Unité 5 Partez à l'international

VOCABULAIRE
Retenez p. 81

9 Indemnisation

Associez les expressions et les définitions.

1. Des effets personnels
2. Un remboursement de frais
3. Un préjudice subi
4. Un geste commercial
5. Une indemnité
6. Des factures ci-jointes
7. Un désagrément

a. Une somme d'argent versée pour réparer un dommage (= un dédommagement).
b. Des documents envoyés avec une lettre.
c. Des objets habituels, des vêtements, par exemple.
d. Un inconvénient, quelque chose qui cause un mécontentement.
e. Un avantage, un cadeau offert par un fournisseur, un vendeur, un prestataire de services.
f. Une atteinte, un dommage causé(e) à une personne.
g. Le paiement des dépenses engagées.

COMMUNICATION

10 Un mariage raté

Remettez les paragraphes de la lettre de réclamation concernant un vol dans le bon ordre.

a. En conséquence, je vous demande de me rembourser la totalité des frais engagés et de faire un geste commercial pour me dédommager du préjudice subi.

b. Résultat, il a fallu acheter de nouveau tous les effets mentionnés ci-dessus mais bien sûr le modèle de la robe et les accessoires ne correspondaient pas à ce que j'avais choisi avec beaucoup de soin. Cet événement m'a causé un très grand stress et je n'ai pas eu le mariage dont je rêvais.

c. Madame, Monsieur,

d. Dans l'attente d'une réponse satisfaisante de votre part, veuillez agréer, Madame, Monsieur, mes salutations.

e. À l'arrivée à Ibiza, mes bagages étaient manquants et je les ai récupérés seulement trois jours plus tard. Un jour trop tard, car mon mariage était programmé deux jours après mon arrivée. Toutes mes affaires de mariage étaient dans les bagages (ma robe de mariée, mes chaussures, mes accessoires…).

f. Vous trouverez ci-joint la copie de mon billet d'avion ainsi que les factures correspondant aux achats effectués.

g. Je tiens à vous faire part de mon très grand mécontentement concernant le vol AF 1257 Paris-Ibiza. J'ai pris cet avion pour aller me marier.

1	2	3	4	5	6	7

Unité 5 — Partez à l'international

VOCABULAIRE

11 Une fin heureuse

Lisez la lettre de réponse de la compagnie aérienne et choisissez les mots qui conviennent le mieux.

> Madame et chère cliente,
>
> Nous avons bien reçu votre lettre de (1) **réclamation / plainte / désagrément** et nous (2) **informons / regrettons / faisons part** vivement l'incident qui s'est produit. Nous en sommes vraiment désolés et vous adressons toutes nos excuses.
>
> Pour vous (3) **dédommager / annuler / récupérer** du préjudice subi, nous vous proposons de vous (4) **verser / rembourser / prêter** la totalité des frais engagés et de faire un geste commercial. Nous (5) **avons le plaisir / avons le regret / sommes contents** de vous offrir deux billets d'avion pour Marrakech et 5 nuits dans un hôtel****.
>
> Nous vous adressons toutes nos félicitations pour votre mariage et nous serons heureux de vous accueillir sur nos prochains (6) **sièges / vols / avions**.
>
> Avec toutes nos excuses renouvelées, (7) **nous vous prions de croire / veuillez agréer / nous vous prions d'accepter**, Madame et chère cliente, à l'expression de nos meilleurs sentiments.

D Retour de mission

GRAMMAIRE
↘ *Outil ling. n° 7 p. 85*

12 VIE*, un plus sur le CV

■ L'alternance des temps du passé

Sandra, VIE à Sydney, raconte son expérience dans un journal. Conjuguez les verbes entre parenthèses au temps du passé qui convient : passé récent, passé composé, imparfait ou plus-que-parfait. Attention aux accords !

> **Mémo**
> Attention à la place de l'adverbe avec le passé composé et le plus-que-parfait !
> *Nous avons **bien** reçu votre offre. / Nous avions **bien** reçu votre offre.*
> → avoir + adverbe + participe passé

VIE à Sydney

Je (1. rentrer) .... de mon VIE à Sydney où je (2. rester) .... dix-huit mois. Avant moi, mon frère (3. vivre déjà) .... une expérience à l'étranger et cela (4. se passer bien) .... Je (5. vouloir) .... vivre la même expérience.

J' (6. être) .... en CDD chez Thalex, dans l'industrie aéronautique et, à la fin de mon contrat, je (7. indiquer) .... à mon responsable que je (8. chercher) .... à partir à l'étranger dans un pays anglophone.

À mon arrivée, j' (9. loger) .... tout d'abord une semaine dans une auberge de jeunesse puis j' (10. trouver) .... un appartement en colocation. Quand je (11. partir) .... de

chez moi, je (12. ne pas emporter) .... beaucoup d'affaires parce que j' (13. avoir droit) .... à 23 kg de bagage seulement. Je (14. s'adapter bien) .... car Sydney est une ville cosmopolite et les différences culturelles (15. ne pas poser) .... de problèmes. Du côté professionnel, il y a une grande différence : on me (16. féliciter) .... tout le temps. J'(17. recevoir) .... beaucoup de mails de mon chef qui me (18. encourager) .... En France, c'est plutôt rare.
Cette expérience à l'étranger me (19. permettre) .... de trouver du travail en France. J' (20. passer) .... un entretien d'embauche la semaine dernière. Je suis contente car je (21. signer) .... mon contrat de travail et je commence mon nouvel emploi le mois prochain. Le VIE, c'est un plus sur un CV !

*VIE : Volontariat International en entreprise

COMMUNICATION

Retenez p. 83

13 Convergence et divergence

Répondez à vos collègues avec les expressions suivantes : *c'est vrai, c'est exact, (c'est) parfait, vous avez très bien fait, je suis d'accord avec vous, je suis de votre avis, vous avez raison, je ne suis pas d'accord, je suis contre votre proposition.* **(Plusieurs réponses sont possibles.)**

Exemple : La réunion a bien lieu demain ?	– *Oui, c'est exact.*
1. Il faudrait changer l'ordre du jour, ça ne va pas.	+ ....
2. J'ai convoqué tout le service.	+ ....
3. Il paraît qu'il va y avoir une restructuration du service.	+ ....
4. Il faut que les salariés s'expriment librement.	+ ....
5. J'ai demandé au délégué syndical de venir.	– ....
6. Il me semble difficile d'inviter le directeur général à cette réunion.	+ ....
7. Il faudrait faire un communiqué de presse*.	– ....
8. J'ai prévu un pot à la fin de la réunion.	+ ....

* Un communiqué de presse : une information dans les journaux

Unité 5 — Partez à l'international

Repères professionnels p. 88

14 Une lettre bien présentée

Lisez les affirmations et cochez la bonne réponse. Justifiez vos réponses (affirmations exactes et inexactes).

Dans une lettre formelle,	Vrai	Faux
1. La date d'expédition peut être écrite seulement en chiffres.	☐	☐
2. Il faut toujours indiquer les pièces envoyées avec la lettre.	☐	☐
3. On inscrit toujours le titre de la personne dans l'interpellation.	☐	☐
4. Une formule de politesse est toujours obligatoire même si on n'est pas content.	☐	☐
5. On conclut par un remerciement dans toutes les lettres.	☐	☐
6. On exige toujours une réponse rapide.	☐	☐

Repères culturels p. 89

15 Us et coutumes

Lisez les affirmations et cochez les bonnes réponses. Justifiez vos réponses (affirmations exactes et inexactes).

En France,	Vrai	Faux
1. Il est habituel de répondre aux appels téléphoniques pendant un rendez-vous.	☐	☐
2. On peut demander à l'interlocuteur le montant de son salaire.	☐	☐
3. Il est important d'être très ponctuel à une réunion.	☐	☐
4. Les présentations professionnelles sont souvent trop abstraites.	☐	☐
5. Les échanges de cadeau sont conseillés lors d'un premier contact professionnel.	☐	☐

Unité 5 — Partez à l'international

PHONÉTIQUE **16 Les semi-voyelles / semi-consonnes**

Mémo 20

Il existe en français trois semi-voyelles / semi-consonnes :
[j] comme dans *italien* [italjɛ̃], *accueil* [akœj] ;
[w] comme dans *témoignage* [temwaɲaʒ] ;
[ɥ] comme dans *suisse* [sɥis].

21 **Écoutez les mots suivants contenant les semi-voyelles / semi-consonnes [j] comme dans *travailler*, [w] comme dans *oui*, [ɥ] comme dans *huit* et répétez.**

1. noir – boire – soir
2. nuit – huit – fuite
3. famille – courriel – voyage
4. chinois – moi – savoir
5. produit – puis – Suisse
6. bien – avion – proposition

PHONÉTIQUE **17 Les semi-voyelles / semi-consonnes**

Mémo 22

Si je vois écrit « oi », je prononce [w] comme dans *noir*.
Si je vois écrit « ui », je prononce [ɥ] comme dans *Suisse*.
Si je vois écrit « ill, » ou « y et i » + un son de voyelle, je prononce [j] comme dans *famille* et *voyage*.

23 **Écoutez les phrases suivantes. Dites quelle semi-voyelle vous entendez. Vérifiez vos réponses avec le corrigé puis répétez.**

1. Ces anciens expatriés sont installés dans ce pays. [........]
2. Lui, c'est un Suisse qui a suivi sa femme à l'étranger. [........]
3. Ces trois Françaises ont fait le choix de partir avec leur conjoint. [........]
4. À la suite du départ du personnel, une nouvelle entreprise a ouvert en Italie depuis huit ans. [........]
5. C'est la première société à proposer plusieurs ateliers de compréhension interculturelle. [........]
6. Il a pris des cours de chinois pendant six mois. [........]

PHONÉTIQUE **18 Les semi-voyelles / semi-consonnes**

24 **Dictée. Écoutez la lecture du courriel et écrivez ce que vous entendez. Puis vérifier votre texte avec le corrigé et répétez.**

....
....
....
....
....
....

Unité 6 — Participez à des événements professionnels

A Question d'organisation

GRAMMAIRE
Outil ling.
n° 1 et 2 p. 100

1 Paroles de chef

- *Quand, lorsque, une fois que, dès, dès que, aussitôt que, à partir de*
- *Le futur antérieur*

Formulez les instructions du chef lors d'une réunion en conjuguant les verbes aux temps donnés.

1. Dès que vous (finir / futur antérieur) ……………………………… le dossier de Mme Blanchard, vous (répondre / futur simple) ……………………………… à M. Bourdier.

2. Pierre, tu (venir / futur simple) ……………………………… me voir quand les commerciaux (se réunir / futur antérieur) ……………………………… pour me communiquer les chiffres.

3. Le service commercial (démarcher / futur simple) ……………………………… de nouvelles entreprises une fois que nous (obtenir / futur antérieur) ……………………………… le feu vert de la direction générale.

4. Dès que les ingénieurs (se mettre / futur antérieur) ……………………………… au travail, nous (pouvoir / futur simple) ……………………………… proposer un prototype aux clients.

5. Quand j'(obtenir / futur antérieur) ……………………………… toutes les données, j'(intervenir / futur simple) ……………………………… auprès de nos partenaires.

6. Valérie et Sofia (envoyer / futur simple) ……………………………… le cahier des charges à leurs équipes quand Pablo l'(relire / futur antérieur) ……………………………… .

7. Il (falloir / futur simple) ……………………………… ranger la salle de réunion une fois que tout le monde (partir / futur antérieur) ……………………………… .

VOCABULAIRE
Retenez p. 93

2 Communication efficace

Associez chaque support de communication à sa définition.

1. Une affiche   **3.** Une brochure   **5.** Une plaquette
2. Un annuaire   **4.** Un catalogue   **6.** Un prospectus

1	2	3	4	5	6

a. C'est une grande feuille de belle qualité pliée en deux utilisée pour présenter une offre, un produit ou une entreprise.

b. C'est un document de quelques pages reliées entre elles et qui permet de décrire les services d'une entreprise par exemple.

c. C'est une très grande feuille pour donner une information officielle ou publicitaire.

d. C'est une petite feuille qu'on distribue dans les endroits fréquentés.

e. C'est un document avec des informations classées.

f. C'est un document qui présente une collection et les caractéristiques des produits de manière détaillée. Il peut être plus ou moins gros.

Unité 6   **Participez à des événements professionnels**

COMPRÉHENSION

3 Réception en vue

Des personnes sont en réunion. Retrouvez l'ordre des phrases du dialogue.

a. – D'accord, on attend donc pour la date. Et qu'est-ce que vous avez prévu ?

b. – Tout le monde sera invité à ce pot ?

c. – Je ne sais pas encore. Je vous donnerai la date quand Jade me l'aura communiquée.

d. – Bien entendu, et nous avons prévu d'inviter aussi les familles des personnes qui recevront les médailles. Virginie, vous pourrez vous charger des invitations ?

e. – Et en plus ses prix étaient raisonnables. Je le contacterai dès qu'on aura la date exacte.

f. – Oui, pas de problème. Nous prendrons notre traiteur habituel pour le pot ?

g. – Il nous faut organiser la réception de remise de médailles.

h. – Il y aura des discours et un pot.

i. – Cela se passera quand exactement ?

j. – Oui. À Noël, ce qu'il nous a proposé était parfait. Les gens étaient contents.

1	2	3	4	5	6	7	8	9	10
g									

COMPRÉHENSION
COMMUNICATION

4 Excellente organisation

Lisez le texte sur l'organisation d'un événement professionnel et résumez les 6 étapes à suivre sous forme de commandements. Utilisez *tu* et le futur simple.

Des règles d'or pour organiser un événement professionnel

La première étape dans l'organisation d'un événement est la définition du public visé. En effet, on ne dit pas la même chose quand on s'adresse à ses clients, à ses partenaires ou à ses cadres en interne. Il faut ensuite trouver un bon sujet et un bon titre. Pour cela, il ne faut pas chercher à traiter des thèmes déjà à la mode au moment de la préparation de l'événement mais s'efforcer de trouver des sujets qui pourraient intéresser les gens.

Le choix de l'intervenant est aussi très important. En général, pour un colloque en interne, il est conseillé de faire appel à une personne extérieure à l'entreprise, de préférence connue. À l'inverse, l'intervention d'une personne de la société est plus appropriée pour un événement à destination de ses clients. En parallèle à ces démarches, la réservation d'une salle doit être effectuée le plus tôt possible. Il faut s'assurer d'avoir une salle bien proportionnée par rapport au public attendu et bien située. Il faudra ensuite déterminer le moment de l'événement. Pour le choix de la date, il est important d'étudier le calendrier avec attention et d'éviter absolument les périodes de vacances scolaires ainsi que certains jours de la semaine comme le lundi et le vendredi. Une fois qu'on aura déterminé tous les points importants de l'événement, on pourra lancer les invitations. Tout l'art est de savoir inviter ni trop tôt, ni trop tard. Trois semaines avant le jour J constituent un bon délai.

1. *Tu définiras bien le public visé.*

2. Tu ....

3. Tu ....

61

Unité 6 — Participez à des événements professionnels

4. Tu ....
5. Tu ....
6. Tu ....

B Vous êtes invité(e)s

COMPRÉHENSION VOCABULAIRE

↘ *Retenez p. 95*

5 Que d'événements !

Lisez les mails et complétez l'objet de chacun d'eux avec : *Assemblée générale / Conférence / Congrès / Salon professionnel / Séminaire*.

1 Objet : ....

Cette année encore, nous attendons plus de 200 exposants et des milliers de visiteurs.
Cliquez ci-dessous pour obtenir votre invitation.

2 Objet : ....

Le PDG du groupe UBS et celui du groupe Koala présenteront les nouvelles perspectives dans le monde du numérique. Venez nombreux !

3 Objet : ....

Je vous invite à notre réunion annuelle pour faire un bilan de l'année passée et pour définir les projets et objectifs à venir.
                                                                                              Paul Fabre

4 Objet : ....

Tous les collaborateurs de l'entreprise se retrouveront les 12 et 13 mars dans le but de réfléchir à des orientations communes et de favoriser une meilleure communication entre tous.   Service RH

5 Objet : ....

Un grand rassemblement à Genève permettra à des chercheurs de 63 pays d'échanger et de partager leurs expériences sur le développement durable.

Unité 6 — Participez à des événements professionnels

COMPRÉHENSION
COMMUNICATION

6 Invitation parfumée

Mettez les éléments dans l'ordre pour reconstituer l'invitation à un événement.

à partir de 19 heures
notre tout nouveau parfum
vous inviter à une soirée
avant le 22 janvier
nous sommes heureux de
« Clair de lune »
merci de nous confirmer
qui se tiendra le 22 février
à l'occasion du lancement de
votre présence
à l'espace Beethoven

COMPRÉHENSION

↘ *Retenez*
p. 93 et 95

7 Textos utiles

Associez les SMS à ce que dit la personne qui les a reçus.

a. Le séminaire portera sur les avancées de la robotique. Intéressant, non ?

b. Vous êtes conviés à une réunion avec nos partenaires indiens mardi prochain.

c. Barbara a prévu d'envoyer un mot de remerciement à tous les chefs de service.

d. Graig sera en charge des commandes et, toi, tu t'occuperas de contacter les prestataires.

e. Arthur ira visiter l'emplacement dès qu'il aura obtenu la confirmation du service marketing.

f. N'oublie pas que le congrès aura lieu du 6 au 12 août !

1. Sophie m'a précisé les rôles de chacun.

2. Jim m'a parlé d'une action à venir.

3. Claire m'a signalé l'intention de sa collègue.

4. Rémi m'a transmis une invitation.

5. Kim m'a rappelé un événement important.

6. Luc m'a indiqué le thème d'un événement.

Unité 6   Participez à des événements professionnels

GRAMMAIRE

↘ *Outil ling.*
n° 3 p. 100

8 J'ai pensé à tout !

■ **Les pronoms compléments**

On vous interroge concernant l'organisation d'un séminaire. Répondez en évitant les répétitions. Utilisez des pronoms.

1. As-tu bien identifié les objectifs du séminaire ?

Oui, ...

2. Est-ce que la direction t'a précisé le budget ?

Oui, ...

3. As-tu communiqué la date suffisamment à l'avance ?

Oui, ...

4. As-tu fais des recherches sur Internet pour trouver le lieu ?

Oui, ...

5. As-tu étudié plusieurs devis ?

Oui, ...

6. Es-tu allé visiter le lieu sélectionné ?

Oui, ...

7. As-tu demandé conseil à tes collègues pour l'organisation ?

Oui, ...

8. As-tu proposé un programme à ton chef ?

Oui, ...

9. As-tu pensé à des activités possibles pendant le séminaire ?

Oui, ...

10. As-tu trouvé un prestataire fiable pour la restauration ?

Oui, ...

C Bienvenue !

VOCABULAIRE

↘ *Retenez p. 97*

9 Sentiments multiples

Retrouvez les adjectifs exprimant les sentiments/émotions (ils sont au masculin) correspondant aux dessins.

 1. _ _ _ _

 2. _ _ _ _ _ _

 3. _ _ _ _ _ _ _

 4. _ _ _ _ _ _ _

 5. _ _ _ _ _ _ _ _ _

 6. _ _ _ _ _ _

 7. _ _ _ _ _ _ _ _

Unité 6 Participez à des événements professionnels

GRAMMAIRE

↘ Outil ling.
n° 4 p. 101

10 Paroles sincères

■ Le subjonctif présent et l'infinitif

Rédigez les SMS à vos collègues en combinant les phrases. Utilisez l'infinitif ou le subjonctif présent.

1. On est tristes. Tu vas partir en Malaisie.
2. Murielle est vraiment désolée. Elle doit quitter la réunion à 3 heures.
3. Nous sommes ravis. Vous collaborez avec vous.
4. Le chef est furieux. On ne peut pas participer au Salon de l'industrie cette année.
5. Je suis super contente. Je ferai l'audit en Argentine.
6. Je suis émue. Tout le monde vient à ma fête de départ à la retraite.
7. Les collègues ne sont pas très contents. On leur dit de revenir demain.
8. Je suis enchantée. Nous partageons le même bureau.
9. Les comptables sont très mécontents. Ils n'ont pas accès au nouveau système d'information.

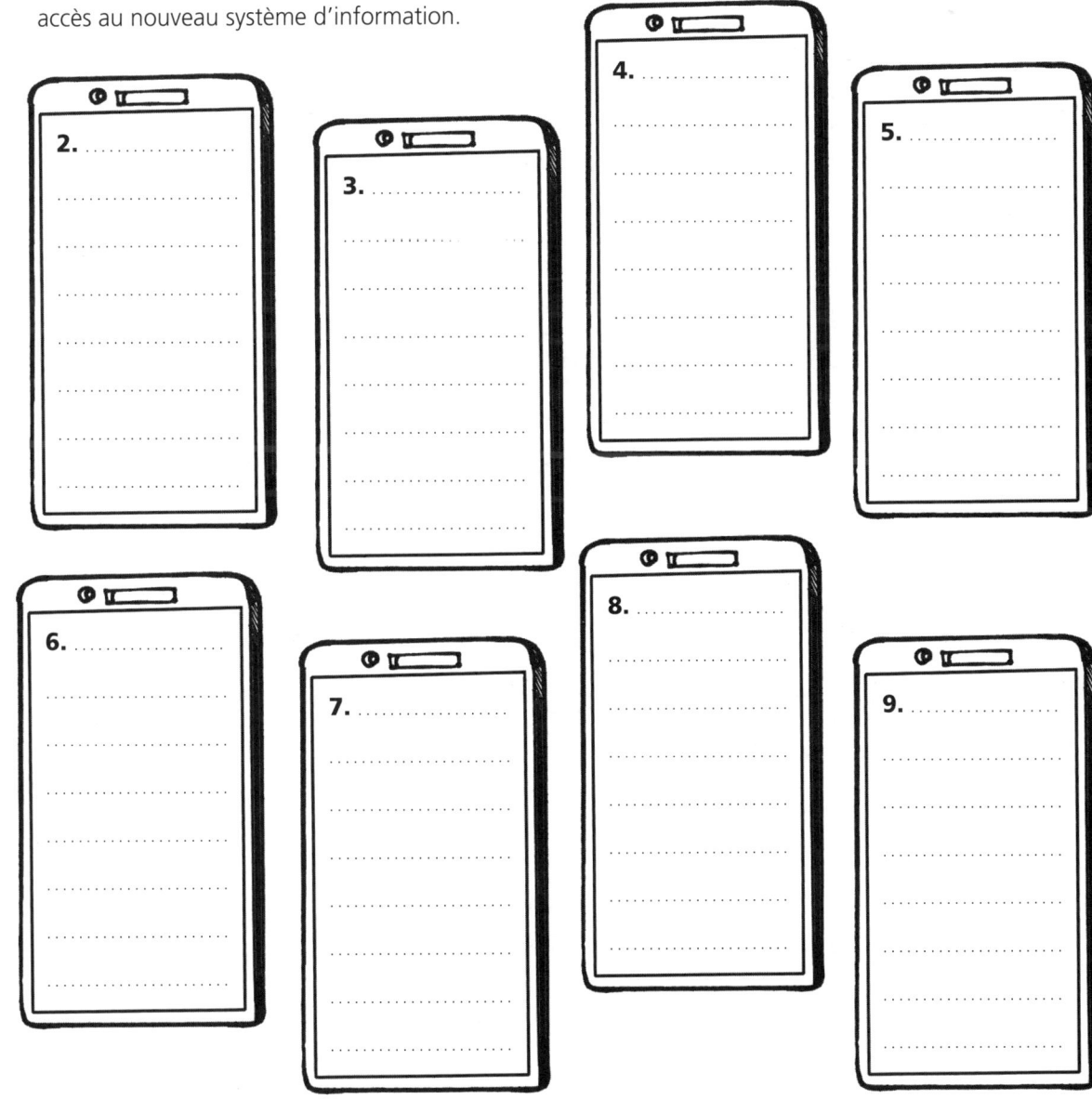

Unité 6 — Participez à des événements professionnels

VOCABULAIRE

11 Réussites en série

Les verbes ci-dessous expriment la réussite. Vérifiez leur sens dans un dictionnaire et placez-les dans les phrases suivantes en les conjuguant au passé composé. Plusieurs réponses sont parfois possibles.

accomplir – achever – acquérir – arriver à – atteindre – avancer – gagner – obtenir – parvenir à – réussir à – finir par

1. Le nouveau directeur .... la confiance de ses collaborateurs.
2. Dominique .... convaincre les associés.
3. En travaillant dans ce service, j'.. de nouvelles compétences.
4. Je vous félicite car nous .... tous nos objectifs.
5. J'.. ma mission hier et j'en suis très satisfait.
6. Le problème était complexe mais nous .... trouver des solutions.
7. Après de longs mois, nous .... tout le travail que nécessitait le projet.
8. Le chantier .... Les appartements pourront être livrés.

COMMUNICATION
↘ *Retenez p. 97*

12 C'est justifié

Un journaliste vous interroge sur vos manières de travailler. Répondez aux questions en donnant des justifications.

1. Pourquoi vous participez tous les ans à des salons ?
Cela nous donne l'occasion ....
2. Pourquoi créez-vous des partenariats avec d'autres entreprises ?
Cela nous donne la possibilité ....
3. Pourquoi faites-vous des réunions de service si souvent ?
Cela nous donne l'opportunité ....
4. Pourquoi préférez-vous les bureaux ouverts ?
Cela permet ....
5. Pourquoi avez-vous supprimé tous les dossiers papiers ?
Cela nous permet ....

D Un bilan intéressant

VOCABULAIRE
↘ *Retenez p. 99*

13 Mensonges !

Le bilan donné est faux. Sur une feuille à part, dites le contraire de ce qui est souligné.

Le Salon de la photo s'est achevé lundi et a accueilli 76 342 visiteurs. Par rapport à l'année dernière, on constate <u>une légère hausse</u> de la fréquentation mais le temps de visite <u>s'est raccourci</u>. Cette année, le nombre d'exposants <u>a diminué</u> mais les stands de vente ont vu <u>une progression</u> de leur chiffre d'affaires. Les conférences, qui ont reçu de grands noms de la photographie, ont attiré <u>peu de monde</u>.

Unité 6 — Participez à des événements professionnels

COMMUNICATION

14 Rendez-vous littéraire

Vous faites partie des organisateurs du Salon du livre de Paris. Sur une feuille à part, rédigez un petit article pour faire le bilan du salon. Utilisez les informations données.

Salon du livre de Paris
17 au 20 mars

Fréquentation l'année dernière : 180 000 visiteurs
Fréquentation cette année : 153 000 visiteurs (15 % de moins)
3 000 écrivains
800 rencontres et débats

Cette année : focus particulier sur la littérature sud-coréenne
Délégation de 30 écrivains de ce pays, 12 femmes et 18 hommes
Domaines : roman, poésie, essai, manhwa (le manga coréen), littérature pour la jeunesse

Prochaine édition l'année prochaine : 23 au 26 mars

GRAMMAIRE

↘ *Outil ling.*
n° 5 p. 101

15 Paroles de visiteurs

■ Le participe présent

Complétez les témoignages des visiteurs du Salon de l'infirmier en conjuguant les verbes au participe présent.

1. J'ai visité tous les stands (représenter) .... le secteur privé. C'était intéressant !

2. Je voulais rencontrer des personnes (connaître) .... bien le métier et j'ai été très satisfait.

3. (Être) .... au chômage, je me suis rendue à ce salon pour trouver des opportunités d'embauche.

4. Lors des conférences, j'ai vu des médecins (venir) .... des plus grands hôpitaux parisiens.

5. Les visiteurs étaient essentiellement des jeunes (vouloir) .... des informations sur le métier.

6. Je n'ai pas du tout apprécié tous ces stands (vendre) .... des assurances santé.

7. N'(avoir) .... pas la possibilité de me faire rembourser le billet d'entrée, je n'y retournerai pas l'année prochaine.

8. Je suis tombée sur un stand (proposer) .... des massages gratuits. C'était super !

Unité 6 — Participez à des événements professionnels

GRAMMAIRE

Outils ling. n° 5 et n° 6 p. 101

16 Soyons précis

- Le participe présent
- Les emplois du participe présent et du gérondif

Lisez les phrases suivantes et dites si elles sont correctes ou incorrectes. Expliquez pourquoi certaines phrases sont incorrectes.

	Correcte	Incorrecte
1. En me promenant dans les allées du salon, mon regard a été attiré par une annonce.		
2. En entrant dans le hall, tous les visiteurs pouvaient remarquer l'immense panneau publicitaire.		
3. Les visiteurs ayant un laisser-passer ont pu entrer directement.		
4. Nous recherchons une hôtesse d'accueil en sachant parler plusieurs langues.		
5. En passant à côté d'un panneau publicitaire, la structure est tombée sur moi.		
6. Quand je suis arrivé sur le stand, la personne présentant les produits s'est tournée vers moi.		
7. En leur donnant des cadeaux, les visiteurs seront contents.		
8. Le jour de l'ouverture, j'ai été stressé en commençant mon discours.		
9. En aidant ma collègue à installer le stand, elle a gagné du temps.		
10. Nous attirerons plus de clientèle proposant des prix intéressants sur le salon.		

Unité 6 Participez à des événements professionnels

PHONÉTIQUE **17** Les sons [y] / [u]

Mémo 🔊 25

Pour prononcer les sons [y] / [u], placez vos lèvres comme si vous vouliez siffler. Pour le [y], la langue est très en avant, pour le [u], la langue est très en arrière.

🔊 26 Écoutez et entourez le mot que vous entendez. Puis vérifiez vos réponses et répétez les paires.

	[y]	[u]
1	Tu	Tout
2	Cure	Cour
3	Lu	Lou
4	Pur	Pour
5	Sur	Sourd
6	Dessus	Dessous
7	Écru	Écrou
8	Puce	Pouce

PHONÉTIQUE **18** Les sons [y] / [u]

🔊 27 Écoutez puis répétez les phrases suivantes.

1. Si tu es dans l'urgence, Martine Lelouche s'occupera du mobilier.

2. Qu'est-ce qui est prévu pour la communication sur le stand ?

3. Le budget vacances annuel est supérieur à 3 000 euros.

4. Nous vous remercions de confirmer votre présence à la journée d'information.

5. L'après-midi débutera par des ateliers qui se dérouleront jusqu'à 18 h.

6. Par petits groupes, elle vous posera des questions sur le déroulement du programme.

7. La coutume de trinquer vient de l'époque du Moyen Âge.

8. Vous devez nous retourner pour le 20 mars le coupon réponse ci-joint.

PHONÉTIQUE **19** Les sons [s] / [z]

🔊 28 A. Écoutez les phrases suivantes. Entourez les lettres qui forment le son [s] et soulignez celles qui forment le son [z].

1. Il s'agit d'une invitation à un salon professionnel.

2. Vous êtes heureuse de développer le réseau ?

3. Il aura terminé sa mission mais tu pourras le contacter si nous sommes dans l'urgence.

4. On peut organiser dans les entreprises des actions à réaliser en groupe.

B. Complétez puis répétez les phrases de l'exercice A.

Le son [s] peut s'écrire : ....

Le son [z] peut s'écrire : ....

Entraînement au DELF PRO B1

Compréhension de l'oral

Exercice : Colloque

🔊 29 Votre université organise un colloque de jeunes chercheurs en sciences. Vous assistez à une réunion pour la préparation du prochain colloque.
Écoutez, prenez des notes et répondez aux questions en cochant la bonne réponse ou en écrivant l'information demandée.

1. De nombreux points ont été abordés. Lesquels ? (3 réponses)
- ❏ **a.** clôture des inscriptions
- ❏ **b.** publication de la brochure
- ❏ **c.** hébergement
- ❏ **d.** pauses déjeuner
- ❏ **e.** sécurité du site
- ❏ **f.** types d'équipement des salles
- ❏ **g.** recherche de sponsors
- ❏ **h.** montant des dons de parrainage
- ❏ **i.** transferts gare / aéroports – colloque

2. Tous les articles ont été
- ❏ **a.** relus.
- ❏ **b.** sélectionnés.
- ❏ **c.** publiés.

3. Quelle est la durée de l'intervention des chercheurs ?
....

4. Le nombre de participants inscrits est de ....

5. En ce qui concerne les frais de participation au colloque,
- ❏ **a.** les inscriptions au prix de 80 € sont closes.
- ❏ **b.** le tarif est donné à la journée de présence au colloque.
- ❏ **c.** le tarif forfaitaire de 210 € inclut les frais d'hébergement.

6. En ce qui concerne la soirée de clôture,
- ❏ **a.** tous les inscrits au colloque y participeront.
- ❏ **b.** des navettes pour s'y rendre de la gare sont prévues.
- ❏ **c.** elle sera payante pour tout le monde.

Compréhension des écrits

Exercice : Une fiche pratique export

Vous travaillez dans une PME qui cherche à s'implanter sur des marchés étrangers et vous recherchez des renseignements sur ce sujet.
Lisez la fiche pratique et répondez aux questions en cochant la bonne réponse ou en écrivant l'information demandée.

Entraînement au DELF PRO B1

FICHE PRATIQUE EXPORT

Vous envisagez de vous développer à l'international ? Nos experts vous donnent quelques règles à suivre.

▶**Règle 1 :** Tout d'abord, il faut se poser les bonnes questions. Quels sont les problèmes auxquels est confrontée mon entreprise ? Pourquoi est-ce qu'elle souhaite se développer à l'international ? Quelles sont ses priorités ? Ensuite, il faut analyser les points forts de la société et ses faiblesses pour évaluer sa capacité à exporter. À partir de là, il faut fixer des objectifs clairs.

▶**Règle 2 :** Trop souvent, les entreprises se lancent sur des marchés « à la mode », comme par exemple la Chine, sans savoir si, dans leur secteur, les opportunités ne sont pas plus intéressantes dans un autre pays, par exemple en Australie ou en Russie. Ce n'est pas parce qu'un pays est en forte croissance que tous les secteurs de son économie sont porteurs. Inversement, certaines activités peuvent être en plein développement dans un pays qui connaît des difficultés économiques. Il est donc impératif de bien cibler le pays, d'étudier son marché ainsi que la concurrence.

▶**Règle 3 :** En étant présente à l'export, l'entreprise se trouve face à de nouvelles habitudes de vie avec de nouveaux besoins, de nouveaux modes de pensée. En conséquence, il est nécessaire de se renseigner sur les habitudes culturelles : langue, rythme de vie, coutumes, etc. de façon à étudier l'adéquation entre les produits ou services proposés par l'entreprise et le marché visé. Une étude des caractéristiques culturelles du marché visé est incontournable et permettra à l'entreprise de faire évoluer son offre et/ou les caractéristiques de ses produits et d'innover.

▶**Règle 4 :** Lorsqu'une démarche de développement à l'export est lancée, l'entreprise doit adapter son organisation et modifier ses habitudes. L'arrivée de nouveaux clients étrangers et la mise en place d'un service export nécessitent souvent de revoir une partie du fonctionnement de l'entreprise (structure de vente, recrutement, publicités particulières…) pour s'adapter aux cultures étrangères, ce qui peut être un atout pour l'entreprise.

▶**Règle 5 :** Le but du développement à l'export est bien sûr d'augmenter son chiffre d'affaires mais il ne faut pas attendre des résultats immédiats. S'implanter sur un nouveau marché demande du temps et de l'argent, parfois 2 à 3 ans. C'est pourquoi il vaut mieux bien évaluer les coûts. Le mieux est encore de tester le marché dans un premier temps en s'alliant avec un acteur local qui permet une implantation plus rapide. Mais attention à choisir le « bon » partenaire.

1. La fiche pratique concerne
❑ **a.** les normes des entreprises exportatrices.
❑ **b.** les règlements administratifs à l'export.
❑ **c.** des conseils pour exporter.

2. Les informations données concernent principalement ce qu'il faut faire
❑ **a.** avant une prospection de marché étranger.
❑ **b.** pendant une prospection de marché étranger.
❑ **c.** à la fin d'une prospection de marché étranger.

3. Vrai ou faux ? Cochez (✘) la bonne réponse et recopiez la phrase ou la partie de la phrase qui justifie votre réponse.
a. L'analyse des difficultés de l'entreprise permet de fixer des objectifs pour exporter. ❑ Vrai ❑ Faux
Justification : ....
b. Il faut toujours cibler des pays en forte croissance. ❑ Vrai ❑ Faux
Justification : ....
c. Le développement à l'export favorise la recherche d'innovations. ❑ Vrai ❑ Faux
Justification : ....
d. Le développement à l'export peut entraîner un changement dans le management de l'entreprise. ❑ Vrai ❑ Faux
Justification : ....

4. Dans quels pays peut-il être intéressant de s'implanter ?
....

Entraînement au DELF PRO B1

5. Quelles études faut-il faire avant de s'implanter sur un marché cible ? (4 réponses)

....

....

....

....

6. La mise en place d'un service export
- ❏ **a.** modifie tout l'organigramme de l'entreprise.
- ❏ **b.** change une partie de l'organisation de l'entreprise.
- ❏ **c.** est sans conséquence sur la structure de l'entreprise.

7. Lorsqu'une entreprise s'implante à l'étranger,
- ❏ **a.** la hausse des ventes est toujours immédiate.
- ❏ **b.** les ventes augmentent progressivement.
- ❏ **c.** l'augmentation du chiffre d'affaires peut être longue.

8. Pour commencer, il est recommandé de
- ❏ **a.** trouver un intermédiaire dans le pays visé.
- ❏ **b.** tenir compte des règlementations.
- ❏ **c.** participer à des salons.

Production écrite

Exercice : Rendre compte de ses activités

Vous avez suivi des études, fait un stage ou travaillé à l'étranger. À la demande du journal francophone *Le petit journal*, qui recherche des témoignages à publier sur Internet, vous faites part de votre expérience. Indiquez les aspects positifs et aussi les difficultés que vous avez rencontrées. Faites des recommandations aux lecteurs.

Production et interaction orales

Exercice en interaction. L'objectif est de commenter un point de discussion.

Vous tirez au sort deux sujets et vous choisissez une situation.

Sujet ① Déplacement professionnel

Vous partez en déplacement professionnel mais, arrivé(e) à l'aéroport, vous apprenez que votre vol est annulé. Vous devez absolument partir car une réunion importante est programmée. Vous faites part de votre mécontentement et des conséquences pour votre travail à l'agent de la compagnie aérienne. Vous tentez de trouver une solution pour partir.
L'examinateur est l'agent de la compagnie aérienne.

Sujet ② Salon professionnel

Votre entreprise expose dans un salon professionnel. Vous êtes chargé(e) de contrôler que tout est prêt sur le stand pour l'ouverture du salon. Mais rien ne va (décoration, mobilier, panneaux d'affichage, enseigne, objets publicitaires…). Vous faites part de vos remarques et de votre mécontentement au responsable du stand. Vous discutez des moyens à mettre en œuvre pour que le stand soit opérationnel le jour de l'ouverture.
L'examinateur est le responsable du stand.

Unité 7 — Travaillez en collaboration

A Tempête de cerveaux

GRAMMAIRE

↘ *Outil ling. n° 1 p. 118*

1 Rien ne va plus

■ L'adjectif indéfini *autre*

Des collègues donnent des idées pour améliorer la situation de l'entreprise. Complétez leurs paroles avec l'adjectif *autre* et un article ou *en*, si nécessaire.

Mémo

Un(e) / L'autre + nom singulier –
Les / D'autres + nom pluriel
⚠ Nous avons *des autres* modèles.
→ Nous avons *d'autres* modèles.
⚠ *Il vous faut* **autre** *chose ?* (pas d'article)
Un(e) autre, **d'autres** s'emploient souvent avec **en**.
*Ma carte mémoire est pleine, j'****en*** *ai besoin d'****une autre*** *!*

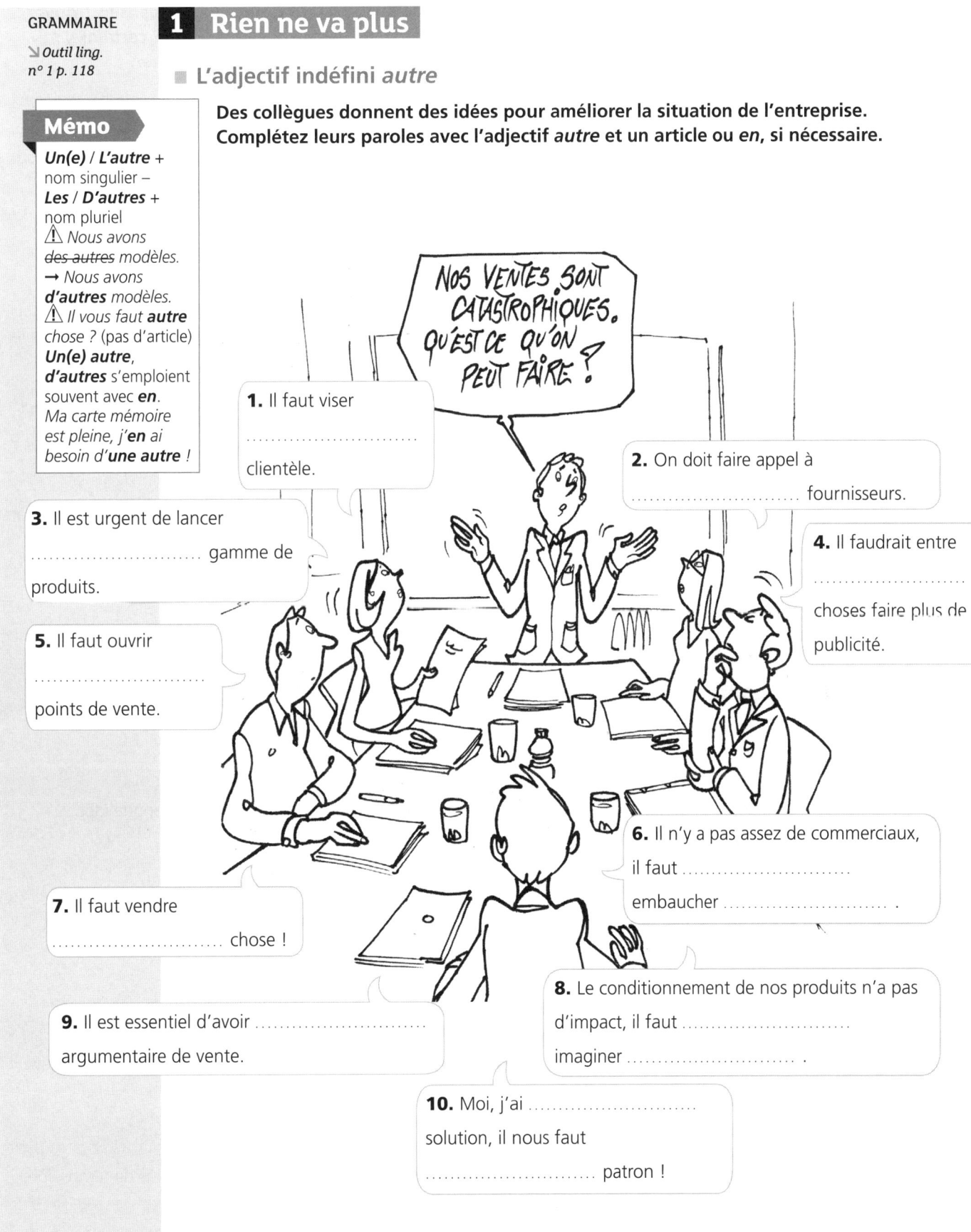

Bulle centrale : NOS VENTES SONT CATASTROPHIQUES. QU'EST-CE QU'ON PEUT FAIRE ?

1. Il faut viser .... clientèle.
2. On doit faire appel à .... fournisseurs.
3. Il est urgent de lancer .... gamme de produits.
4. Il faudrait entre .... choses faire plus de publicité.
5. Il faut ouvrir .... points de vente.
6. Il n'y a pas assez de commerciaux, il faut .... embaucher ....
7. Il faut vendre .... chose !
8. Le conditionnement de nos produits n'a pas d'impact, il faut .... imaginer ....
9. Il est essentiel d'avoir .... argumentaire de vente.
10. Moi, j'ai .... solution, il nous faut .... patron !

Unité 7 — Travaillez en collaboration

GRAMMAIRE
↘ *Outil ling. n° 2 p. 118*

2 Réflexions

■ **L'indicatif ou le subjonctif pour exprimer une opinion**

Complétez les réflexions suivantes avec le verbe introducteur qui convient : *penser, trouver, croire, être sûr(e) / certain(e) / convaincu(e) / persuadé(e), ne pas être sûr(e) / certain(e) / convaincu(e) / persuadé(e), ne pas penser, ne pas trouver, ne pas croire, douter.*
(Parfois, plusieurs réponses possibles.)

1. Déjà une heure que j'attends mon rendez-vous, je .... que je vais m'énerver.

2. Nous avons affaire à des concurrents redoutables, je .... que tout aille bien pour nous.

3. Je .... que cet expert en négociation internationale pourra nous aider à pénétrer le marché japonais.

4. Je .... bien que le marché est perdu, mais on peut continuer les négociations. On ne sait jamais !

5. Seulement trois contrats signés ce mois-ci ! Je .... qu'avec ça nous puissions payer nos échéances.

6. J'ai absolument besoin de ces chiffres mais je .... qu'il me les fasse parvenir à temps.

7. Il est impératif que nous décrochions cet appel d'offres sinon je .... que ce sera la catastrophe pour nous.

8. Je .... qu'en alignant nos prix sur ceux de la concurrence nous reprendrons une part de marché.

COMMUNICATION
GRAMMAIRE
↘ *Outil ling. n° 2 p. 118*

3 Opinions contraires

■ **L'indicatif ou le subjonctif pour exprimer l'opinion**

Complétez les phrases en donnant votre opinion.

1. La direction veut transformer les locaux en bureaux ouverts. Est-ce que c'est une bonne idée ?

   a. Je trouve que ....

   b. Je ne pense pas que ....

2. Les salariés veulent la mise en place du télétravail. Est-ce que leur demande va aboutir ?

   a. Je suis convaincu(e) que ....

   b. Ça m'étonnerait que ....

3. Le nouveau patron veut supprimer tous les chefs dans l'entreprise. Est-ce que ce nouveau mode de management peut convenir à l'entreprise ?

   a. Je suis persuadé(e) que ....

   b. Je ne crois pas que ....

4. La direction veut annualiser le temps de travail. Est-ce que les salariés vont avoir plus de temps libre ?

   a. Je suis sûr(e) que ....

   b. Je ne suis pas persuadé(e) que ....

5. Le médecin du travail propose des bureaux surélevés pour permettre aux salariés de travailler debout. Est ce que cette position va accroître la productivité des salariés ?

a. Je crois que ....

b. Je doute que ....

VOCABULAIRE

↘ *Retenez p. 111*

4 Pause pub des randonneurs

Complétez les publicités avec l'adjectif qui convient : *gonflable, isotherme, dépliable, programmable, rétractable, solaire.*

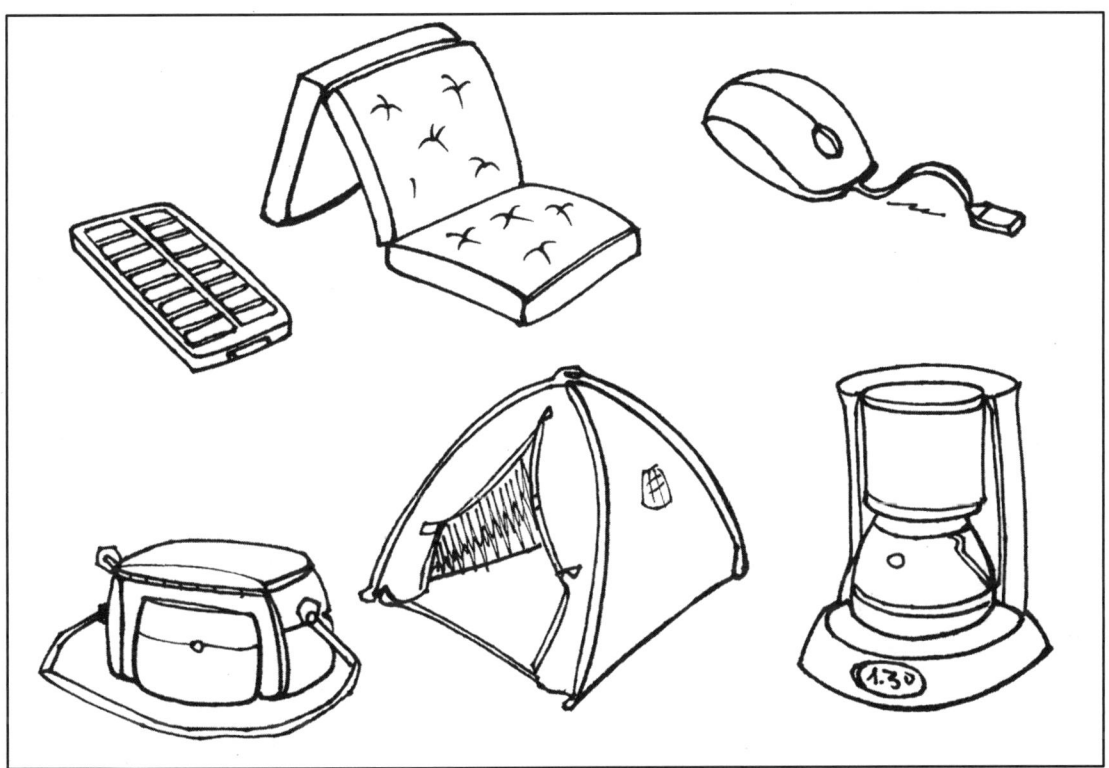

1. Quoi de mieux qu'un chargeur .... pour recharger votre appareil digital (MP3, smartphone, tablette...) où vous vous trouvez.

2. Pour un maximum de confort, optez pour un matelas .... , vous passerez une excellente nuit après vos randonnées.

3. La tente .... Tip Top se déploie comme un parapluie. Imperméable aux intempéries, elle réunit tous les atouts d'un camping confortable.

4. Envie d'un café chaud au réveil ? La cafetière .... permet d'obtenir un bon café à l'heure précise que vous aurez choisie. Savourez le plaisir de vous réveiller avec un café bien chaud !

5. Chic et pratique, notre sac .... garantit la fraîcheur de vos aliments.

6. Facile à transporter, notre souris optique USB avec son cordon .... , dont la longueur de câble s'ajuste à vos besoins, vous surprendra par sa petite taille.

Unité 7 — Travaillez en collaboration

B Document partagé

GRAMMAIRE
Outil ling. n° 3 p. 118

5 Mode d'emploi

■ *Ce qui, ce que, ce dont*

Mémo

Ce qui, *ce que* ou *ce dont* remplacent *la chose qui / que / dont…*
Pour mettre l'accent sur un élément, on le remplace par *ce qui*, *ce que*, *ce dont* + *c'est* (*ce sont*) dans la phrase suivante.
Ce que j'aime, *ce sont* les cours de français.

Complétez le mail avec *ce qui*, *ce que*, *ce dont*.

À : paul@obj.fr
De : olivia@obj.fr
Objet : Mode d'emploi appareil photo numérique

Bonjour Paul,

Je viens de relire le mode d'emploi que tu as rédigé. (1) .... me pose un problème, c'est que les explications ne sont pas assez claires et, pour la présentation, je ne suis pas d'accord avec (2) .... tu proposes.

Je vais travailler aujourd'hui sur la brochure et je t'enverrai (3) .... j'aurai fait demain. Tu me diras (4) .... tu penses de mes propositions. Est-ce que tu pourras me dire aussi (5) .... ne va pas ?

Pourras-tu m'envoyer la nouvelle version avec (6) .... tu modifies avant de la présenter au directeur technique ?

Ne t'inquiète pas, je m'occupe de tout (7) .... on a parlé au téléphone et rappelle-moi (8) .... on a besoin comme documents pour la prochaine réunion.

Cordialement
Olivia

COMMUNICATION COMPRÉHENSION

6 Devinettes

A. Lisez les devinettes et trouvez le bon mot.

1. C'est   ce qui permet de connaître l'avis des utilisateurs.
           ce qu'on rédige pour recueillir des informations.
           ce dont on se sert pour faire des enquêtes.

   C'est ....

2. C'est   ce qui permet d'apprendre une langue.
           ce que des auteurs rédigent.
           ce dont les étudiants ont besoin pour s'exercer.

   C'est ....

Unité 7 — Travaillez en collaboration

3. C'est ce qui prouve un niveau d'études.
       ce qu'obtient un candidat heureux.
       ce dont rêve un étudiant en fin de cursus.

   C'est ....

B. À vous de rédiger une devinette sur le même modèle.

C'est ....

....

....

C'est ....

COMMUNICATION
GRAMMAIRE

↘ *Outil ling.*
n° 4 p. 119

7 Au rapport !

■ **L'adverbe *bien***

A. Un(e) collaborateur(trice) commente les résultats d'un enquête à son responsable. Complétez les paroles avec *c'est bon / c'est bien* ou *bon / bien* ou *ah bon*.

1. – La moitié des étudiants n'ont pas répondu au questionnaire.

   – .... !

2. – L'autre moitié a rempli le questionnaire dans les délais.

   – Oui, j'ai vu ça et ils ont .... répondu aux questions.

3. – Oui mais certaines questions n'ont pas été comprises.

   – (a) .... ? Elles sont vraiment (b) .... rédigées pourtant !

4. – Vous avez pris connaissance des avis ?

   – Oui, et ça confirme .... que ces cours plaisent beaucoup.

5. – Vous avez vu le nombre d'étudiants qui souhaitent continuer les cours de français hybride ?

   – Oui, ... !

6. – (a) .... , j'ai terminé. Je peux partir ?

   – Oui, (b) .... !

Mémo

⚠ ***C'est bon*** indique un goût, une sensation physique et ***c'est bien*** tout le reste. Autre sens : ***Ah bon !*** indique la surprise.

B. Indiquez ce qu'exprime *c'est bien / bien* ou *c'est bon / bon* dans les phrases ci-dessus. Notez le numéro de la phrase qui convient.

1. la conformité ou l'idée, l'effet attendu : ....

2. la satisfaction : ....

3. le degré de perfection : ....

4. l'indication d'un accord : ....

5. la surprise : ....

6. une conclusion : ....

Unité 7 — Travaillez en collaboration

c Il faut qu'on s'arrange !

GRAMMAIRE
↘ *Outil ling.*
n° 5 p. 119

8 Des vacances aux frais du patron !

■ L'expression de l'opposition

A. Complétez l'article avec l'expression d'opposition qui convient : *alors que / tandis que, par contre / en revanche, contrairement à / à l'opposé de / à l'inverse de.*
(Plusieurs réponses possibles.)

> **Mémo**
> *Alors que*, *tandis que* ajoutent une idée de comparaison ou une simultanéité.
> *Par contre* (courant), *en revanche* (formel) expriment une opposition plus forte.
> *Contrairement à*, *à l'opposé de*, *à l'inverse de* insistent sur l'opposition, sur des situations éloignées.

UNE ÉTUDE S'EST INTÉRESSÉE AUX CONGÉS PAYÉS DANS 21 PAYS DÉVELOPPÉS.

(1) ………………………………… Français qui ont 25 jours de vacances rémunérées par an, les salariés américains ne disposent pas de congés payés quand ils partent en vacances. Les 11 jours fériés sont généralement payés en France (2) ………………………… ils ne le sont pas au Royaume-Uni. (3) ……………………………………, ce sont les Britanniques qui ont le plus grand nombre de jours de congés payés pour les vacances (28 jours). Parmi les salariés qui se reposent le plus, les Autrichiens sont les champions avec 25 jours de congés payés et 13 jours fériés. Au Japon, l'ancienneté est importante. Le salarié débutant a droit à seulement 10 jours de congé (4) ………………………… un employé plus ancien peut cumuler jusqu'à 20 jours. (5) ……………………………, les Japonais bénéficient de 15 jours fériés payés.
Enfin, les Autrichiens sont adeptes des courts séjours (6) ……………………………… les Français prennent des séjours plus longs.

COMPRÉHENSION

B. Casse-tête : cochez la bonne réponse.

1. Qui ne touche pas de salaire pendant les vacances ?

❑ **a.** Les Français   ❑ **b.** Les Américains   ❑ **c.** Les Japonais

2. Qui a le plus grand nombre de jours de repos dans l'année ?

❑ **a.** Les Autrichiens   ❑ **b.** Les Britanniques   ❑ **c.** Les Français

3. Qui a le plus petit nombre de jours de vacances payées ?

❑ **a.** Les Français   ❑ **b.** Les Britanniques   ❑ **c.** Les Japonais

4. Qui a le plus de jours fériés payés dans l'année ?

❑ **a.** Les Français   ❑ **b.** Les Japonais   ❑ **c.** Les Britanniques

Unité 7   Travaillez en collaboration

COMMUNICATION — 9 Tous en vacances

↘ *Retenez p. 115*

Mémo

Hors saison : période(s) de l'année où beaucoup de gens ne partent pas en vacances. La haute saison correspond aux vacances scolaires : Noël, février, avril, juillet et août.

Des collègues parlent de leurs vacances. Associez les paroles qui ont le même sens.

1. « Je serai absent du 6 au 13 octobre quand tout le monde sera au boulot. C'est plus tranquille ! »

2. « Cette année, je pars du 7 au 21 août en vacances. L'entreprise est fermée. »

3. « Moi aussi, j'ai posé mes congés en août comme tout le monde. Je pars du 3 au 24. »

4. « Moi, je n'ai pas le choix, je suis obligée de partir du 20 au 27 pendant les vacances scolaires de février. »

- **a.** Je prends 3 semaines d'affilée.
- **b.** Je pars hors saison.

D Un séminaire utile !

GRAMMAIRE — 10 Travailler en équipe, pas si simple !

↘ *Outil ling. n° 6 p. 119*

■ L'expression de la concession

Complétez les posts avec l'expression de concession qui convient : *malgré, bien que, alors que, pourtant, cependant, même si, quand même, mais.* **(Parfois, plusieurs réponses possibles.)**

Mémo

Malgré + nom
Bien que + subjonctif
Alors que / Pourtant / Cependant / Même si + indicatif
⚠ Attention, à l'ordre : **quand même** est placé après le verbe.
⚠ Il renforce la concession. → *On ne s'entend pas dans l'équipe, **pourtant** on essaie quand même de travailler ensemble.*

Sica	Je fais un travail très dur psychologiquement. Je suis aide-soignante dans une maison de retraite. Je fais partie d'une équipe géniale. (1) .... il y a deux personnes qui refusent de travailler en équipe. Ça gâche l'ambiance.
Anton	Nous aussi, on rencontre des problèmes (2) .... on fasse tout ce qu'il faut pour que les différents caractères s'accordent. On n'a pas encore trouvé la solution !
Clyde	Moi, je travaille dans un milieu où le travail d'équipe est primordial (3) .... personne ne fonctionne dans le même sens. (4) ...., je sois calme, je finis par m'énerver.
Sergio	Dans ma boîte, le travail en équipe est impossible (5) .... l'organisation de séminaires en communication pour améliorer les choses. C'est décourageant !
Tamara	Moi, mon chef n'a pas les capacités nécessaires pour gérer une équipe. Il nous laisse nous débrouiller tout seuls. Il faut bien reconnaître que cette situation, (6) .... elle n'est pas idéale, nous arrange (7) .... On fait ce qu'on veut !
Aero	Je vous résume ma situation : (8) .... elle n'est pas très originale. Mon problème, c'est une collègue qui a 5 ans de moins que moi et qui fait « sa chefe » (9) .... nous avons le même échelon hiérarchique. En lisant vos posts, je me sens moins seule !
Jade	J'ai une idée ! Et si on changeait tous de boulot !

Unité 7 — Travaillez en collaboration

COMMUNICATION GRAMMAIRE

↘ *Outil ling. n° 6 p. 119*

11 Esprit d'équipe ou pas ?

L'expression de la concession

Mémo

Alors que, *tandis que* ajoutent une idée de comparaison ou une simultanéité.
Par contre (courant), *en revanche* (formel) expriment une opposition plus forte.
Contrairement à, *à l'opposé de*, *à l'inverse de* insistent sur l'opposition, sur des situations éloignées.

Des collèges font des réflexions sur l'esprit d'équipe. Associez les énoncés pour faire des phrases cohérentes.

1. Toutes les équipes travaillent beaucoup dans notre boîte
2. On pense qu'il faut revoir le système de management
3. Les divergences sur la répartition des tâches sont nombreuses
4. On n'a pas eu de prime
5. En réunion, on écoute toujours les critiques des autres
6. On rencontre encore des problèmes de communication dans l'équipe
7. Ils ont réussi à élaborer une vision commune du projet

a. mais on peut quand même trouver un accord.
b. bien que la circulation de l'information soit nécessaire à notre travail.
c. même si on n'a pas les mêmes avis.
d. malgré tout le boulot effectué.
e. pourtant, on n'a pas d'augmentation de salaire.
f. malgré leurs désaccords.
g. même si ça change les habitudes.

COMMUNICATION

↘ *Retenez p. 117*

12 Ressentis

Des collègues font part de leur ressenti au travail. Complétez leurs paroles avec la ou les expression(s) qui convien(nen)t.

1. J'ai vraiment l'impression de/d'
2. Je n'arrive pas à
3. Je me sens
4. J'ai un sentiment de/d'

a. ne pas être reconnu(e) pour mon travail.
b. me mettre au travail.
c. visé(e) par les critiques des collègues.
d. ne pas avancer dans ma carrière.
e. oublier l'attitude de mon chef.
f. incompétence.
g. un manque de reconnaissance.
h. inutile.
i. finir mon travail dans les temps.
j. épanoui(e) dans mon travail.
k. souvent seul(e).
l. rassuré(e) par les résultats obtenus.
m. injustice.
n. être inférieur(e) aux autres.

Unité 7   Travaillez en collaboration

↘ Repères professionnels p. 122

13 Les mots cachés des congés

Entourez les 9 mots qui ont trait aux congés.

A	B	A	T	I	O	P	V	R	S
C	E	R	F	T	U	R	J	M	A
H	S	G	E	P	F	N	X	B	B
O	U	V	R	A	B	L	E	W	B
M	L	G	I	Y	M	O	H	A	A
E	E	Z	E	E	J	I	B	C	T
C	V	C	O	N	G	E	D	I	I
M	A	F	F	I	L	E	E	Q	Q
F	O	R	M	A	T	I	O	N	U
M	A	T	E	R	N	I	T	E	E

PHONÉTIQUE

14 Les sons [z] / [ʒ]

Mémo 🔊 30

Pour prononcer les sons [z] et [ʒ], vous devez sentir une vibration dans votre gorge.
La différence, c'est que pour prononcer [ʒ], vous devez positionner vos lèvres comme pour siffler.

🔊 31 **A. Écoutez les phrases et dites si vous entendez des mots avec [z] comme *choisir* ou des mots avec [ʒ] comme *projet*. Entourez la bonne réponse.**

1. [z] / [ʒ]
2. [z] / [ʒ]
3. [z] / [ʒ]
4. [z] / [ʒ]
5. [z] / [ʒ]
6. [z] / [ʒ]
7 [z] / [ʒ]
8. [z] / [ʒ]
9. [z] / [ʒ]
10. [z] / [ʒ]

B. Lisez les phrases dans le corrigé et répétez-les à voix haute.

PHONÉTIQUE

15 Les sons [z] / [ʒ]

🔊 32 **Écoutez les phrases et soulignez les lettres qui forment le son [ʃ] comme dans *choix*. Écoutez à nouveau et entourez les lettres qui forment le son [s] comme dans *commerce*. Puis vérifiez vos réponses dans le corrigé et répétez.**

1. Il faut embaucher d'autres commerciaux.
2. Chaque groupe est chargé de concevoir une fiche.
3. Il y a eu des changements techniques dans la société.
4. Contactez la hiérarchie avant de décider.

Unité 8 Gérez les ressources humaines

A Question de clauses

VOCABULAIRE
↘ *Retenez p. 127*

1 Un premier vrai contrat !

Complétez le courriel avec les mots : *RTT, CDD, période d'essai, salaire, ticket restaurant, préavis, annuel, légal, professionnel.* **Accordez les adjectifs et les noms, si nécessaire. Attention, il y a deux intrus !**

Salut Delphine !

Ça y est, après 2 stages et 3 (1) ...., j'ai enfin décroché mon premier CDI ! Je vais travailler pour une compagnie d'assurances. Ils sont dans une zone industrielle à côté d'Aubagne. Si tout va bien, je mettrai 20 minutes pour y aller. Donc, ils m'ont prise comme assistante d'accueil. J'ai un mois de (2) .... Je ferai 36 heures par semaine et aurai 2 jours de (3) .... tous les mois. Pour les congés (4) ...., ils donnent une semaine de plus que la durée (5) .... : j'aurai 6 semaines. Et, en plus, ils donnent des chèques vacances, c'est génial ! Par contre, je n'aurai pas de (6) .... parce qu'il y a un restaurant d'entreprise. J'espère qu'il est bien. Quant au (7) ...., je commence au SMIC, mais il y a un 13e mois. Bref, je suis super contente, je commence le 2, j'ai trop hâte !

Tu m'appelles quand tu es rentrée en France ?

Bisou bisou

Amé

COMMUNICATION
↘ *Retenez p. 127*

2 Un contrat bien négocié

Remettez les répliques dans l'ordre pour reconstituer le dialogue entre le responsable du personnel et la future salariée. Trouvez deux répliques pour terminer le dialogue.

...... **a.** – Oui, bien sûr, 35 h hebdomadaires mais, comme nous en avons parlé, vous travaillerez toujours en équipe, en 2 huit ou en 3 huit.

...... **b.** – Très bien. Vous commenceriez donc le 1er février, avec une période d'essai de deux mois et un salaire mensuel brut de 1 700 euros.

...... **c.** – Je vous rappelle que je ne pourrai pas accepter de travailler de nuit.

...... **d.** – La discussion était restée ouverte, mais ce point n'est pas négociable. Votre salaire pourra être révisé après 6 mois de présence dans l'entreprise.

82

Unité 8 Gérez les ressources humaines

...... **e.** – C'est bien noté, votre contrat précisera que vous suivrez les horaires de jour. Par contre, vous pourrez être amenée à travailler les week-ends.

...... **f.** – Là, ce n'est pas ce que j'avais demandé pendant notre dernier entretien !

...... **g.** – Bonjour madame Cattreux. Suite à nos différents entretiens, nous sommes donc prêts à vous proposer un contrat à durée indéterminée.

...... **h.** – Ce serait bien un temps complet ?

...... **i.** – Ce n'est pas un problème pour moi.

– ....

– ....

GRAMMAIRE

↘ *Outil ling.*
n° 2 p. 134

3 Participation aux bénéfices

Les pronoms démonstratifs neutres *ce* (*c'*) et *cela* (*ça*)

Quatre responsables s'expriment sur l'intéressement. Complétez les phrases à l'aide des pronoms démonstratifs *ce*, *ça* et *cela*.

1. Donc, nous déclencherons l'intéressement à partir de 540 000 euros de résultat net. .... vous convient-il ?

2. Est-ce que 540 000 euros, ... n'est pas un peu élevé ?

3. Exiger 6 critères de déclenchement, ... me paraît beaucoup !

4. Imposer un taux de satisfaction clientèle de 85 %, ... ne passera pas !

GRAMMAIRE

↘ *Outil ling.*
n° 1 p. 134

4 Des salariés plus que satisfaits

Les pronoms relatifs composés

Les salariés d'une entreprise ont été interrogés sur le bien-être au travail. Complétez leurs déclarations à l'aide de pronoms relatifs composés. (Plusieurs réponses sont parfois possibles.)

1. Le service .... j'ai été affectée m'a très rapidement et chaleureusement intégrée.

2. Les couleurs .... tous les murs sont peints sont vraiment agréables et reposantes.

3. La Direction nous confie des missions .... nous nous sentons valorisés.

4. J'ai tout de suite beaucoup apprécié la facilité .... tout le monde communique dans le service.

5. Il est important qu'il y ait régulièrement des moments de convivialité .... toute l'équipe peut se retrouver autour d'un verre ou d'un repas.

6. Le collègue .... j'ai été accompagnée à mon arrivée a été un tuteur formidable.

7. On m'a tout de suite donné des documents et des informations .... j'ai pu travailler sereinement.

8. Ma chef d'équipe est une personne très expérimentée et très pédagogue .... j'ai beaucoup appris.

Unité 8 — Gérez les ressources humaines

9. La salle de repos .... nous pouvons nous rendre à tout moment est très appréciée.

10. L'entreprise met à notre disposition une salle de sport et une crèche pour les bébés du personnel, ... notre vie serait vraiment plus compliquée.

COMPRÉHENSION — 5 Les contrats de travail en Europe

Lisez le texte suivant puis cochez les bonnes réponses.

Selon Eurostat, l'office statistique de l'Union européenne, la réalité dominante en Europe reste le contrat à durée indéterminée dont bénéficient 80 % des salariés de l'Union. L'ensemble des formes de contrats temporaires (CDD, intérim) représente aujourd'hui 15,7 % de l'emploi salarié total, un chiffre en baisse.

Toutefois, des formes très atypiques se développent, tels les CDD et les temps partiels très courts, voire le contrat zéro heure qui se développe notamment au Royaume-Uni et dans lequel l'employeur ne s'engage à fournir aucune quantité d'heure minimale à l'employé, l'appelant quand il en a besoin. Certes, être mobile n'est pas forcément être précaire. Le travail saisonnier, par exemple, a toujours existé, et de tous temps certains salariés ont préféré changer régulièrement d'employeur. Mais ceux-ci en temps de crise sont une minorité et lorsqu'Eurostat interroge les salariés européens en contrat temporaire, 60 % déclarent que, s'ils sont dans cette situation, c'est qu'ils n'ont pas trouvé d'emploi permanent. Ce type de contrat atteint des sommets en Pologne (26,9 %), en Espagne et au Portugal. À l'inverse, les durées limitées n'existent quasiment pas en Roumanie (1,5 %), en Lituanie et en Bulgarie.

Concernant les temps partiels, le record absolu est détenu par les Pays-Bas où il représente 49 % des contrats, et même 77 % chez les femmes. Les autres pays de l'UE les plus concernés le sont pour 24 à 27 % des contrats, toujours dans des proportions beaucoup plus grandes chez les femmes. Les pays où l'écart hommes-femmes est faible sont également des pays où peu de contrats à temps partiel sont conclus (moins de 10 %) : Europe de l'est et pays baltes.

Le temps de travail conventionnel en Europe est majoritairement de 38 à 40 heures par semaine. La France fait figure d'exception avec 35 heures. On note que les temps de travail effectifs sont toujours plus élevés que les temps conventionnels et dépassent tous les 40 heures hebdomadaires, ainsi, on travaille 41 heures en France et jusqu'à 43-44 heures en Autriche, en Grèce et au Royaume-Uni.

Enfin, les salaires sont loin d'être homogènes dans l'UE. Les taux horaires les plus bas, inférieurs à 5 € bruts, sont perçus en Europe de l'est et dans les pays baltes. La moyenne se situe entre 15 et 20 euros bruts de l'heure (16,27 € en France), loin derrière les 27,09 € du Danemark ou les 25,5 € de l'Irlande.

1. Quelle est la tendance générale pour l'emploi observée en Europe ?

❏ **a.** La majorité des salariés ont des contrats longs.

❏ **b.** Les contrats temporaires sont de plus en plus nombreux.

❏ **c.** Le nombre de contrats à durée indéterminée est en baisse.

2. Les contrats à durée limitée

❏ **a.** sont le plus souvent un choix du salarié.

❏ **b.** se pratiquent très peu en Europe du sud.

❏ **c.** prennent une forme extrême au Royaume-Uni.

Unité 8 Gérez les ressources humaines

3. Le travail à temps partiel
- **a.** concerne presque la moitié des femmes hollandaises.
- **b.** touche très peu de salarié(e)s des pays baltes.
- **c.** est en nette augmentation parmi les femmes européennes.

4. La durée hebdomadaire du travail
- **a.** est partout supérieure à 40 heures effectives.
- **b.** est plus élevée en Autriche qu'en Grèce.
- **c.** est particulièrement élevée en France.

5. La rémunération des travailleurs européens
- **a.** est plus avantageuse en Europe de l'est et du nord.
- **b.** est particulièrement élevée au Danemark.
- **c.** est en moyenne supérieure à 20 € bruts de l'heure.

B Il faut qu'on parle !

COMMUNICATION
↘ *Retenez p. 129*

6 J'en ai vraiment assez !

Complétez le dialogue entre une salariée et son/sa supérieur(e) selon les indications entre parenthèses.

– Je vous rappelle que je vous ai demandé hier de (*tâche à exécuter*) ....
....

– (*reproche/protestation*) ....
....

– En effet, mais je vous le demande parce que vous êtes la seule à pouvoir le faire cette semaine.

– (*exaspération*) ....
....

– Dans ce cas, quelle solution proposez-vous ?

– (*proposition/préférence*) ....
....

– Je note votre proposition. Cela veut dire qu'il est important de communiquer.

GRAMMAIRE
↘ *Outil ling.
n° 3 p. 134*

7 Rumeurs

■ **Le conditionnel passé**

Complétez le dialogue entre deux collègues à l'aide des verbes suivants au conditionnel passé : *aller, apprécier, assister, offrir, prendre, préparer, se retrouver, sortir.*

– Ça va, Margot ? Tu étais où la semaine dernière ?

– Tu sais que Sandra est malade ?

– Oui, et alors ?

Unité 8 — Gérez les ressources humaines

– Eh bien, imagine-toi ce qu'on raconte sur moi dans tout le service !

– Vas-y, dis !

– Donc comme Sandra est malade, je (1) .... sa place. C'est moi qui (2) .... en congrès à Chicago avec le big boss. Toute la journée, je l' (3) .... pendant les réunions, j' (4) .... le matériel pour ses présentations.

– Formidable ! Il (5) .... ton travail à sa juste valeur, enfin ! J'imagine qu'on raconte aussi que le soir, vous (6) .... pour dîner dans des restaurants chics. Peut-être même qu'il t' (7) .... des fleurs, ou que vous (8) .... dans un bar ou une discothèque...

– Oui, c'est presque ça !

– Bon, mais tu étais où, réellement ?

– En vacances en Irlande !

GRAMMAIRE
↘ *Outil ling. n° 3 p. 134*

8 Une mauvaise transmission d'information

Le conditionnel passé

A. Des collègues d'un même service s'expliquent. Conjuguez les verbes au conditionnel passé.

1. Tu (pouvoir) .... éviter de créer des dossiers en mon absence.

2. Sans l'accord de Pierre, je (ne pas se permettre) .... de créer des dossiers.

3. La manager (devoir) .... te dire qu'elle m'avait confié ce client.

4. Vous (nommer) .... les fichiers plus clairement, je (comprendre) .... tout de suite.

5. Avec une meilleure organisation, on (terminer) .... le traitement des dossiers dans les délais.

6. J' (savoir) .... que tu conservais cette unité de production, je (ne pas intervenir) .... sur tes dossiers.

7. Au lieu de faire transmettre l'information par le responsable de service, tu nous (informer) .... directement, on (éviter) .... ce malentendu.

COMMUNICATION
↘ *Retenez p. 129*

B. Classez les phrases selon qu'elles expriment un reproche ou une supposition.

Phrases qui expriment un reproche : ....

Phrases qui expriment une supposition : ....

Unité 8 Gérez les ressources humaines

C Objectifs atteints ?

COMPRÉHENSION

9 Entretien individuel annuel

Lisez le compte-rendu d'entretien annuel d'un chef d'atelier, puis complétez les tableaux.

> Présent depuis seulement 8 mois dans l'entreprise, Franck Rochet n'a pas encore suffisamment acquis l'aspect technique de sa mission. Son poste de travail est toujours parfaitement rangé mais il commet encore beaucoup d'erreurs sur le contrôle des dossiers. Le respect des procédures n'est pas systématique et certains manquements aux pointages ont été constatés. La Direction fait remarquer que le chef d'atelier doit montrer l'exemple en toutes circonstances.
>
> Certains membres du personnel se plaignant de la manière dont Franck Rochet peut parfois leur parler, la Direction souhaiterait qu'il fasse preuve de davantage de diplomatie. Franck Rochet a déclaré n'avoir pas conscience de ce problème.
>
> Concernant l'aspect technique, Franck Rochet doit renforcer son apprentissage auprès de son binôme, le second chef d'atelier, pour être tout à fait opérationnel en fin d'année et par là même pouvoir jouer pleinement son rôle auprès des équipes.
>
> Concernant le relationnel, Franck Rochet a demandé à suivre une formation à la gestion d'équipe. La Direction pense que cela pourrait intervenir après l'acquisition de la maîtrise technique du poste.

1. Complétez le tableau pour résumer les compétences de la personne évaluée.

	Insuffisant	Bien	Excellent
Maîtrise des procédés			
Tenue du poste de travail			
Relationnel			

2. Complétez le tableau pour résumer ce qui s'est dit au sujet des formations à venir.

	Besoins en formation
Demandes de la direction	
Demandes du salarié	
Réponse de la direction	

GRAMMAIRE

↘ *Outil ling.*
n° 4 p. 135

10 Manques d'ambition

■ *Si* + plus-que-parfait + conditionnel (présent ou passé)

Faites des hypothèses pour décrire la situation si ces personnes n'avaient pas manqué d'ambition.

1. Je n'ai pas assez insisté auprès de la banque pour obtenir le crédit et je n'ai pas pu acheter de nouvelle machine.

→ *Si j'avais insisté davantage auprès de la banque,* ....

....

87

Unité 8 — Gérez les ressources humaines

2. Paul a écouté sa femme et a refusé la proposition en Alsace. Résultat, il déprime dans son petit bureau parisien.

....

3. Nos investisseurs ont été frileux et maintenant nous n'avons pas les moyens de faire face à la concurrence.

....

....

4. Elsa et Emmanuelle ont eu peur de prendre une seconde boutique en gérance et aujourd'hui elles n'ont pas la possibilité de vendre tous les produits qui leur plaisent.

....

....

5. Vous ne vous êtes pas mis en avant au moment des nominations pour l'Inde et votre dossier n'a pas été sélectionné.

....

....

6. Les dirigeants n'ont pas osé lancer les grandes réformes nécessaires et la productivité s'est dégradée.

....

....

7. Tu n'as pas passé les concours de la fonction publique et, par la suite, tu n'as pas pu obtenir les postes que tu souhaitais.

....

....

8. Vous avez refusé de louer un local plus grand et nous n'avons pas assez de place pour installer cette machine.

....

....

9. Philippe n'a pas su bien négocier son départ et il a obtenu à peine 3 mois d'indemnités.

....

....

10. Nous avons défendu notre projet trop timidement auprès de la Chambre de commerce, nous n'avons pas été convaincantes, et des concurrents ont pris le marché.

....

....

Unité 8 — Gérez les ressources humaines

COMMUNICATION

11 Bilan annuel

Déchiffrez le rébus suivant pour comprendre ce que dit le directeur commercial à ses équipes.

....

....

D Je m'en vais

VOCABULAIRE

Retenez p. 133

12 Rupture de contrat

Lisez les définitions et trouvez le mot correspondant.

1. Rupture du contrat de travail à durée indéterminée, demandée par le salarié : ....

2. Période de travail qu'un salarié démissionnaire doit effectuer pour son ancienne entreprise :

....

3. Somme versée à un salarié qui quitte son entreprise avant la date légale/contractuelle :

....

4. Fait de quitter volontairement son entreprise avant la date légale/contractuelle :

....

Unité 8 — Gérez les ressources humaines

COMMUNICATION GRAMMAIRE

13 Ne partez pas !

> Outil ling. n° 5 p. 135

■ Le discours indirect au passé

Un salarié veut démissionner et l'annonce brusquement à son responsable qui cherche à le retenir. Vous êtes un(e) collègue des deux salariés. Regardez le dessin et écrivez un mail (sur une feuille à part) à un(e) collègue et ami(e) qui travaille dans un autre service, pour lui rapporter ce que chacun a dit.

VOCABULAIRE

14 Les mots pour le dire

> Retenez p. 133

Retrouvez les mots suivants dans la grille. Ils sont cachés à l'horizontale, à la verticale ou en diagonale.

ajouter – indiquer – assurer – annoncer – promettre – admettre – déclarer – préciser – dire – confirmer – expliquer – rappeler

G	Y	P	Y	A	A	E	X	P	L	I	Q	U	E	R	A	Y
I	A	S	S	I	S	J	J	I	T	P	G	Q	J	M	P	K
I	H	A	H	L	V	N	O	G	E	O	G	V	T	Y	O	R
S	N	G	S	Q	J	U	T	U	U	Y	O	E	T	P	A	Y
C	I	D	W	N	J	O	D	F	T	X	I	U	R	V	J	Y
U	I	L	I	R	U	B	É	T	R	E	A	K	U	J	O	E
F	K	F	K	Q	X	D	C	N	A	A	R	S	B	L	E	D
S	O	Y	A	W	U	F	L	W	P	N	V	D	G	N	A	O
P	E	I	D	E	D	E	A	D	P	N	E	O	D	P	Z	S
P	R	O	M	E	T	T	R	E	E	O	S	H	O	I	X	Y
E	L	E	E	J	U	U	E	K	L	N	O	J	T	Y	Q	Z
N	A	O	T	C	Y	U	R	U	E	C	C	M	I	X	F	W
E	H	A	T	W	W	I	T	W	R	E	G	Y	P	C	H	U
E	X	I	R	L	M	H	W	S	V	R	K	T	T	O	P	J
D	I	R	E	A	S	S	U	R	E	R	I	L	K	R	Y	L
U	R	B	N	V	E	Y	P	R	É	C	I	S	E	R	Y	I
C	O	N	F	I	R	M	E	R	W	E	P	E	E	U	E	M

Unité 8   Gérez les ressources humaines

GRAMMAIRE

↘ *Outil ling.
n° 5 p. 135*

15 Revue du personnel

■ Le discours indirect au passé

Lisez puis rédigez le compte-rendu de la réunion, sur une feuille à part, en rapportant les paroles de chacun.

La DIRECTRICE GÉNÉRALE : J'ai souhaité cette réunion annuelle pour faire le point sur les performances de l'équipe et les demandes en termes d'évolution professionnelle.

Le RESPONSABLE DU PERSONNEL : Le taux d'absentéisme a baissé de 2 points depuis l'an dernier et je trouve que l'ambiance générale dans les ateliers est plus positive.

La RESPONSABLE DES FORMATIONS : L'an dernier, 25 % des formations prévues n'avaient pas été réalisées ; cette année, ce sont seulement 18 %.

La DIRECTRICE GÉNÉRALE : C'est encore trop. J'aurais aimé que vous me communiquiez ces chiffres plus tôt.

Le RESPONSABLE DU PERSONNEL : Il est important que les salariés soient accompagnés dans leurs désirs d'évolution.

La DIRECTRICE GÉNÉRALE : Absolument. Nous allons voir s'il est encore possible de mettre en place des formations sur les deux derniers mois de l'année.

La RESPONSABLE DES FORMATIONS : Ce sera difficile car les organismes de formations ont déjà bouclé leurs plannings.

La DIRECTRICE GÉNÉRALE : Nous referons le point quand vous les aurez contactés.

PHONÉTIQUE

16 Les sons [R] / [l]

Mémo 🔊 33

Le son [r] se prononce en plaçant la pointe de la langue derrière les dents du bas et en poussant très fort comme si on voulait faire sortir les dents de la bouche.

A. Complétez les mots avec « r » ou « l ». Attention, parfois la lettre est doublée !

1. Dans vot…e cont…at à du…ée indéte…minée i… y a une c…ause de non-concu…ence.

2. D'exce…entes ent…eprises uti…isent des p…océdu…es d'app…éciation du t…avail.

3. Pou…. désamo…cer un conf…it, on ve…a qu'i… y a p…usieu…s …èg…es à …especter.

4. …'inté…essement co…espond à 20 % du sa…ai…e net annue… .

5. …a direct…ice des …essources humaines pou…ait a…iver en …eta…d.

6. Ce sa…a…ié n'a pas …éagi à …eu…s a…guments.

 34 **B. Écoutez pour vérifier puis répétez.**

PHONÉTIQUE

17 Les sons [R] / [l]

🔊 35 **Lisez à voix haute la première règle du document « Les 10 règles pour désamorcer un conflit » p. 128 de votre manuel puis écoutez pour vérifier.**

PHONÉTIQUE

18 Le plus-que-parfait et le conditionnel passé

🔊 36 **Écoutez et dites si vous entendez un verbe au plus-que-parfait ou au conditionnel passé. Puis vérifiez vos réponses dans le corrigé et répétez les verbes.**

1. ❏ J'avais travaillé ❏ J'aurais travaillé

2. ❏ J'avais envoyé ❏ J'aurais envoyé

3. ❏ Il avait pu ❏ Il aurait pu

4. ❏ Il avait dû ❏ Il aurait dû

5. ❏ Nous avions eu ❏ Nous aurions eu

Entraînement au DELF PRO B1

Compréhension de l'oral

Exercice : Travaux

🎧 37 Vous travaillez dans une boutique de vêtements. Vous entendez cette conversation entre votre patronne et un architecte d'intérieur.
Lisez les questions, écoutez le document puis répondez en cochant la bonne réponse ou en écrivant l'information demandée.

1. Mme Louçano a contacté cet architecte
- ❑ **a.** parce qu'il est très connu.
- ❑ **b.** parce qu'elle a eu des preuves de son travail.
- ❑ **c.** parce qu'une de ses clientes le lui a recommandé.

2. La boutique
- ❑ **a.** existe depuis 3 ans.
- ❑ **b.** vient d'être rachetée.
- ❑ **c.** appartient à deux commerçants.

3. Quels sont les souhaits de Mme Louçano ? *(3 réponses)*

....

....

....

4. Que devra faire l'architecte dans un premier temps ? *(2 réponses)*

....

....

5. Les démarches administratives
- ❑ **a.** seront faites pendant les travaux.
- ❑ **b.** peuvent être effectuées par l'architecte.
- ❑ **c.** doivent être réalisées pour le dossier technique.

6. Pour la réalisation du projet, l'architecte
- ❑ **a.** fait appel à des ouvriers indépendants.
- ❑ **b.** travaille toujours avec la même entreprise.
- ❑ **c.** sélectionne des prestataires en fonction des besoins.

7. D'après l'architecte les travaux
- ❑ **a.** pourraient se faire en 2 semaines.
- ❑ **b.** seront impossibles avant 2 semaines.
- ❑ **c.** dureront probablement plus de 2 semaines.

8. Quel est le prix annoncé par l'architecte ?

....

....

Entraînement au DELF PRO B1

Compréhension des écrits

Exercice : Rupture conventionnelle

Vous venez d'être embauché au service RH d'une entreprise française. Vous vous documentez sur les procédures concernant les ruptures conventionnelles.
Lisez le document et répondez en cochant la bonne réponse ou en écrivant l'information demandée.

Rupture conventionnelle : tout pour bien la négocier

La rupture conventionnelle permet de mettre fin à un contrat de travail en dehors des procédures habituelles de démission et de licenciement. Ces dernières sont initiées par l'une ou l'autre des parties : c'est le salarié qui décide de démissionner ou l'employeur qui licencie. À l'inverse, la rupture conventionnelle implique le consentement mutuel : tous deux sont d'accord sur les modalités de la fin du contrat qui les lie.

Qui est concerné ?

Cette procédure ne peut concerner que les salariés bénéficiant d'un CDI. Les titulaires de CDD et les intérimaires ne peuvent pas conclure de rupture conventionnelle.

Avantages d'une rupture conventionnelle

Pour le salarié, l'un des principaux avantages de la rupture conventionnelle est financier, et cela pour deux raisons. D'abord, il bénéficie d'indemnités de départ qui sont au moins aussi importantes que celles qui seraient versées en cas de licenciement. La démission, à l'inverse, ne donne droit à aucune indemnisation.

Ensuite, il peut percevoir les allocations versées par Pôle emploi* alors que, sauf exception (par exemple dans le cadre du rapprochement de conjoints), la démission ne permet pas de bénéficier des indemnités chômage.

Financièrement, le salarié bénéficie donc de tous les avantages du licenciement. Pour l'employeur, l'avantage de la rupture conventionnelle est avant tout juridique car il n'est pas obligé d'avancer un motif de licenciement, qui peut toujours être contesté, pour justifier du départ d'un salarié. L'accord des deux parties réduit les risques de contentieux.

Procédure de rupture conventionnelle

La procédure peut être initiée par le salarié ou par l'employeur. Le fait que ce soit l'une ou l'autre des parties qui demande la rupture conventionnelle n'a pas de conséquences sur les modalités de séparation, puisque l'accord de l'autre est indispensable. La convention ne fait pas référence à la personne qui a proposé la démarche et ne doit pas faire apparaître de motif de rupture.

La loi ne donne pas de procédure précise à respecter lors de la négociation. Si un entretien entre les parties est bien évidemment indispensable pour se mettre d'accord, rien n'empêche le salarié et à l'employeur de se revoir à plusieurs reprises. Un exemplaire de la convention de rupture doit impérativement être remis au salarié sinon l'ensemble de la procédure ne sera pas validée.

Refus de rupture conventionnelle

Le salarié comme l'employeur est totalement libre de refuser une rupture conventionnelle à tout moment de la procédure. Ce refus n'a pas besoin d'être motivé. Un salarié qui décline la proposition de son entreprise ne peut en aucun cas être sanctionné.

---

* Pôle emploi est un opérateur du service public chargé de l'emploi en France et qui s'occupe en particulier des personnes en recherche d'emploi.

1. La rupture conventionnelle permet au salarié
- ❏ **a.** d'interrompre un contrat de travail.
- ❏ **b.** de changer de poste.
- ❏ **c.** d'arrêter un projet.

2. La rupture conventionnelle doit être décidée par
- ❏ **a.** le salarié seulement.
- ❏ **b.** l'employeur seulement.
- ❏ **c.** le salarié et l'employeur.

Entraînement au DELF PRO B1

3. Vrai ou faux ? Cochez la bonne réponse et recopiez la phrase ou la partie de la phrase qui justifie votre réponse.

a. Un salarié ayant un emploi temporaire peut demander une rupture conventionnelle. ❏ Vrai ❏ Faux

Justification : ....

b. L'avantage financier en cas de démission est moins intéressant qu'en cas de rupture conventionnelle. ❏ Vrai ❏ Faux

Justification : ....

c. Le salarié peut percevoir des indemnités chômage en cas de rupture conventionnelle. ❏ Vrai ❏ Faux

Justification : ....

d. En cas de rupture conventionnelle, l'employeur doit expliquer pourquoi il veut se séparer d'un salarié. ❏ Vrai ❏ Faux

Justification : ....

4. Quelles informations sont absentes de la convention ? *(2 réponses)*
....

5. Que faut-il faire pour que la procédure soit validée ?
....

6. Une procédure de rupture conventionnelle peut être stoppée
❏ **a.** si les motifs ne sont pas valables.
❏ **b.** si l'une des deux parties ne l'accepte pas.
❏ **c.** si la convention n'est pas rédigée correctement.

Production écrite

Exercice : Rendre compte de ses activités

La Direction de votre entreprise a le projet de réaménager l'espace de travail et de répartir les 12 personnes de votre service dans 4 grands bureaux. Chacun se retrouverait donc dans un bureau avec 2 autres collègues. En tant que délégué du personnel, vous écrivez à la Direction au nom de vos collègues. Rappelez clairement le projet, puis exprimez les réserves des salariés face au peu d'avantages et aux nombreux inconvénients du projet. Vous écrivez un texte de 160 mots sur une feuille à part.

Production et interaction orales

Exercice en interaction. L'objectif est de commenter un point de discussion.

Vous tirez au sort deux sujets et vous choisissez une situation. L'examinateur est votre interlocuteur.

Sujet ① **Équipe projet**
Vous êtes en charge d'un projet avec un collègue. Celui-ci ne rend jamais le travail demandé dans les délais et retarde le projet. Vous discutez avec lui de propositions pour améliorer votre collaboration.
L'examinateur est votre collègue.

Sujet ② **Entretien individuel**
C'est le moment de votre entretien individuel annuel. Vous parlez de votre travail. Vous rappelez vos objectifs et indiquez vos résultats et les difficultés éventuelles rencontrées. Avec votre chef, vous fixez vos objectifs pour l'année prochaine.
L'examinateur est votre chef.

Unité 9 — Traitez des litiges

A Au service après-vente

COMMUNICATION
↘ *Retenez p. 143*

1 Un vendeur à l'écoute

Classez les paroles du vendeur et du client mécontent dans le tableau ci-dessous.

1. Votre facture sert de bon de garantie.
2. Que puis-je faire pour vous ?
3. C'est inadmissible qu'un appareil de ce prix tombe en panne si vite.
4. Bonjour, vous cherchez quelque chose de précis ?
5. À titre exceptionnel, nous acceptons d'échanger cet article.
6. Je suis à votre service si vous avez des questions.
7. Je fais le nécessaire pour régler ce problème.
8. C'est quand même inconcevable de vendre des appareils si peu fiables !
9. Je peux vous renseigner ?
10. Oui, vous avez une clause « satisfait ou remboursé ».
11. Je suis désolé, monsieur, je vais voir ce que je peux faire.
12. J'exige d'être remboursé ; c'est inacceptable qu'il y ait un tel retard de livraison !
13. Je vous propose de vous prêter un autre appareil le temps de la réparation.
14. On va trouver une solution ; je vois ça avec mon fournisseur.

Proposer de l'aide	Parler de conditions de vente	Exprimer son mécontentement	Proposer un arrangement	Indiquer une recherche de solution
2,				

GRAMMAIRE
↘ *Outil ling. n° 1 p. 150*

2 Des clients mécontents

■ **Le subjonctif avec les expressions impersonnelles**

Transformez les critiques en utilisant les expressions données et des phrases au subjonctif présent puis à l'infinitif présent pour formuler un jugement.

Exemple : Vous n'avez pas testé ce produit. C'est dommage.
→ *Il est / C'est dommage que vous n'ayez pas testé ce produit.*
→ *Il est / C'est dommage de ne pas tester ce produit.*

1. Vous ne répondez jamais aux lettres de réclamation. C'est inadmissible.

....
....

2. Vous êtes toujours en rupture de stock. C'est bizarre.

....
....

Unité 9 — Traitez des litiges

> **Mémo**
>
> **Pour formuler un jugement**
> Quand le sujet est précisé :
> *Il est* ou *C'est* + adjectif + *que* + sujet + verbe au subjonctif
> *Il est dommage que vous n'ayez pas testé ce produit.*
> Quand le sujet n'est pas précisé :
> *Il est* ou *C'est* + adjectif + *de* (+ négation) + verbe à l'infinitif
> *Il est dommage de ne pas tester ce produit.*
> ⚠ À l'oral, on emploie souvent *c'est*.
> ⚠ Attention à la place de la négation à la forme négative de l'infinitif !

3. Vous ne contrôlez pas l'emballage des produits. C'est inconcevable.
....
....

4. Vous ne tenez pas compte de l'avis des clients. C'est anormal.
....
....

5. Vous accueillez mal les clients. C'est inacceptable.
....
....

6. Vous ne faites pas de remise. C'est étonnant.
....
....

7. On reçoit les livraisons toujours avec du retard. C'est scandaleux.
....
....

8. On fait longtemps la queue au SAV*. C'est regrettable.
....
....

* Service après-vente

VOCABULAIRE
↘ *Retenez p. 143*

3 Contrat de confiance

Lisez les conditions d'achat et entourez le mot qui convient.

Garanties

Tous nos produits sont couverts par la garantie légale contre les (1) *erreurs / manques / défauts* de conformité et les vices cachés*. L'acheteur bénéficie d'un (2) *retard / délai / préavis* de deux ans et peut demander la (3) *réparation / correction / rétractation* ou le remplacement (4) *sans frais / sans paiement / sans coût* des produits défectueux.

En cas de réception de produits défectueux, merci de vous munir de votre (5) *addition / devis / facture d'achat* et de contacter notre service consommateurs au 0800 00 00 00 7 jours sur 7 de 8 h à 19 h ou par mail à serviceconso@huit.com.

En outre, tous nos produits bénéficient d'une garantie 2 ans pièces et (6) *manœuvre / main-d'œuvre / maniement*.

Changement d'avis

Si vous changez d'avis, vous disposez de 14 jours à compter du jour de réception de vos produits pour nous (7) *vendre / livrer / retourner* les articles qui ne vous conviennent pas.

Unité 9 | Traitez des litiges

Pour organiser votre retour :

– Connectez-vous à votre compte client.

– Sélectionnez la commande concernée et cliquez sur le bouton « Satisfait ou remboursé ».

– Vous pourrez alors demander un avoir ou le (8) *le règlement / paiement / remboursement* de votre produit.

Vous pouvez aussi contacter notre service consommateurs.

Les articles doivent être retournés dans leur (9) *colis / emballage / paquet* d'origine.

* Un défaut caché

B Rien ne va plus

COMPRÉHENSION

↘ *Retenez p. 145*

4 Sachons réclamer !

A. Classez les phrases relatives à trois lettres de réclamation. Notez le numéro du paragraphe qui correspond à l'intention donnée.

1. Nous comptons sur une livraison dans les plus brefs délais.

2. Nous regrettons de vous informer que, lors de la mise en stock, nous avons remarqué que les articles présentent des défauts de fabrication.

3. Nous avons bien reçu les produits relatifs à notre commande du … *(date)*.

4. Nous vous prions d'agréer, M. …, nos salutations distinguées.

5. En procédant à la vérification, nous avons constaté une erreur dans le calcul du montant du taux horaire de la main d'œuvre qui devrait être de 39 € au lieu de 42 €.

6. Le 4 mai dernier, nous vous avons passé commande de meubles de bureau livrables au plus tard le 15 juin pour l'aménagement de nos nouveaux locaux.

7. Nous venons de recevoir votre facture du 10 mars.

8. Nous vous demandons de bien vouloir procéder d'urgence au remplacement des articles non conformes.

9. Or, par votre accusé de réception du 8 mai, vous vous êtes engagés à respecter ce délai.

10. Veuillez croire, M. …, à nos salutations distinguées.

11. Les articles relatifs à notre commande n° 1345 nous sont bien parvenus.

12. Nous vous saurions gré de nous assurer la livraison immédiate des articles commandés.

13. Malheureusement, nous sommes au regret de constater qu'à ce jour les articles ne nous sont toujours pas parvenus.

14. Veuillez nous adresser une facture rectificative en remplacement de la facture erronée ci-jointe.

Faire référence à un produit / un événement	Rappeler des engagements pris	Expliquer les motifs d'une réclamation	Demander de faire suite	Prendre congé
		2,		

97

Unité 9 — Traitez des litiges

COMMUNICATION

B. Rédigez trois lettres de réclamation cohérentes en vous aidant des paragraphes de la partie A. Notez le numéro des paragraphes dans l'ordre qui convient puis écrivez les lettres sur une feuille à part. (Plusieurs choix possibles.)

– Lettre 1 : réclamation relative à des marchandises défectueuses : ....

– Lettre 2 : réclamation relative à un retard de livraison : ....

– lettre 3 : réclamation relative à une erreur de facturation : ....

GRAMMAIRE

↘ *Outil ling. n° 2 p. 150*

5 Double construction

■ Les doubles pronoms compléments

Mémo

De nombreux verbes se construisent avec 2 pronoms. Plusieurs combinaisons sont possibles :
– **y** et **en** ne s'emploient jamais ensemble sauf dans *il y en a*.
– **en** avec *un*, *une* : *Il m'a prêté un stylo.* → *Il m'en a prêté un*.
– les pronoms **me**, **te**, **nous**, **vous**, **se** ne peuvent pas être employés avec *lui* et *leur* : *Il m'a présenté au DRH.* → *Il m'a présenté à lui* (et non : *on me lui a présenté*).
– les pronoms **lui**, **leur** et **y**, **en** ne peuvent pas être employés ensemble : *J'ai parlé à Jacques dans son bureau.* → *Je lui ai parlé dans son bureau* (et non : *je lui y ai parlé*).
⚠ Quand ils sont compléments d'un infinitif, les pronoms sont placés avant le verbe : *Il va demander une remise au fournisseur.* → *Il va la lui demander.*

A. Récrivez chaque phrase en remplaçant le(s) groupe(s) de mots soulignés par le pronom qui convient.

1. Je vous expédie <u>la marchandise</u> demain.
....

2. Il ne se rappelle plus <u>du numéro de sa commande</u>.
....

3. Ils m'ont envoyé <u>le paiement</u> avec du retard.
....

4. Occupez-vous <u>de la commande</u>, s'il vous plaît.
....

5. Nous vous demandons de nous livrer <u>les articles</u> dans les 48 heures.
....

6. Faites <u>une facture d'avoir</u> <u>au client</u>.
....

7. Il veut nous présenter <u>le nouvel emballage isotherme</u>.
....

8. Expédiez-nous <u>le colis manquant</u> dans les meilleurs délais.
....

9. Vous nous ferez penser <u>à notre réunion</u>, s'il vous plaît.
....

10. Ils ne nous ont pas accordé <u>de ristourne</u>.
....

B. Répondez aux questions. (Attention aux accords avec le COD !)

Exemple : – Vous n'avez pas envoyé les échantillons au client ?
– Si, nous les lui avons envoyés.

1. – Vous n'avez pas remis les marchandises au transporteur habituel ?

– Si, nous ....

Unité 9 Traitez des litiges

2. – Pouvez-vous vous charger de la livraison ?

– Oui, je ....

3. – Vous n'avez pas noté la réunion dans l'agenda partagé ?

– Si, je ....

4. – Il n'a pas indiqué les motifs des réclamations aux employés ?

– Si, il ....

5. – Tu n'as pas parlé de l'erreur de facturation au fournisseur ?

– Si, je ....

6. – Ils ont constaté des traces de détérioration sur le colis ?

– Oui, ils ....

7. – Vous avez rectifié l'erreur sur le compte client ?

– Oui, je ....

8. – Il s'est engagé à livrer avant midi ?

– Oui, il ....

VOCABULAIRE

↘ *Retenez p. 145*

6 Des mots pour le dire

A. Complétez les phrases suivantes extraites de lettres relatives à des réclamations avec le mot qui convient : *crédit, dédommagement, défectueux, détérioré, délai, erroné, manquant, omission, rectificatif, retard, préjudice.* **(Attention aux accords !)**

1. Nous avons reçu seulement 20 pantalons au lieu des 30 commandés. Nous vous prions de nous faire parvenir les articles .... dans les meilleurs délais.

2. Ce retard nous cause un grave .... car nous allons perdre des clients.

3. Nous vous retournons la facture .... et attendons une nouvelle facture ....

4. Au cas où les marchandises ne nous parviendraient pas dans les délais, nous exigerions un .... pour compenser notre perte de chiffre d'affaires.

5. Nous nous trouvons dans l'obligation d'allonger nos .... de fabrication.

6. Nous nous excusons d'avance pour le .... apporté à la livraison de votre commande par suite de la grève des transporteurs.

7. Nous avons le regret de vous informer que le fonctionnement des portables reçus est ....

8. Nous avons constaté que vous avez fait une .... : vous n'avez pas comptabilisé notre avoir d'un montant de 100 €.

9. Nous avons refusé les colis car ils étaient .... : les cartons étaient déchirés.

10. Nous avons bien reçu votre virement et nous l'avons porté au .... de votre compte.

COMPRÉHENSION

B. Qui a écrit les phrases ci-dessus ? Un client ou un fournisseur ? Notez le numéro des phrases qui conviennent.

Un client : .... Un fournisseur : ....

99

Unité 9 — Traitez des litiges

C Avec toutes nos excuses

COMMUNICATION

7 Un problème de livraison

A. Lisez la lettre de réponse à une réclamation et choisissez les termes qui conviennent. Cochez la bonne réponse.

Madame, Monsieur,

Nous avons bien reçu votre lettre du 10 mars concernant une erreur de référence dans votre livraison.

Votre réclamation (1) ☐ *est regrettable* / ☐ *nous a désolés* / ☐ *a retenu toute notre attention* / ☐ *est intéressante*.

Nous avons aussitôt entrepris des démarches pour connaître la cause de (2) ☐ *ce retard* / ☐ *cet accident* / ☐ *ce dommage* / ☐ *cet incident*.

Le dysfonctionnement est dû à notre fournisseur qui n'a pas su gérer l'afflux des commandes et qui vous a adressé (3) ☐ *un article non conforme* / ☐ *une commande incomplète* / ☐ *un article détérioré* / ☐ *une livraison endommagée*.

Nous sommes désolés de cette erreur indépendante de notre volonté. (4) ☐ *Nous excusons votre erreur* / ☐ *Nous vous prions d'accepter toutes nos excuses pour le désagrément subi* / ☐ *Vous voudrez bien vous excuser* / ☐ *Nous acceptons vos excuses*.

Nous vous expédions l'article de remplacement sous les 48 heures et vous offrons un avoir de 20 € sur votre prochain achat à titre de (5) ☐ *réparation* / ☐ *rectification* / ☐ *dédommagement* / ☐ *indemnité*.

Nous tenons à vous remercier de votre confiance et espérons que cette solution vous conviendra. Soyez certain que nous veillerons à ce qu'(6) ☐ *un telle erreur* / ☐ *un même défaut* / ☐ *une omission semblable* / ☐ *un problème pareil* ne se reproduise plus.

Nous vous renouvelons nos excuses et espérons que (7) ☐ *vous nous ferez connaître la date de la nouvelle livraison* / ☐ *nous continuerons à vous compter parmi nos fidèles clients* / ☐ *vos remarques sont parfaitement justifiées* / ☐ *nous pouvons compter sur une livraison complémentaire*.

Nous vous prions de croire, Madame, Monsieur, à nos sentiments dévoués.

Le directeur des ventes

J.-C. Glacis

COMPRÉHENSION

B. Soulignez l'objet de la lettre ci-dessus.

1. Livraison défectueuse
2. Livraison non conforme
3. Retard de livraison
4. Livraison endommagée

Unité 9 — Traitez des litiges

GRAMMAIRE
↘ Outil ling.
n° 3 p. 151

8 Questions-réponses

L'infinitif passé

Complétez les réponses aux questions des collègues avec les verbes à l'infinitif passé.

Exemple : – Vous avez obtenu une compensation ?
– Oui, je suis très contente d'avoir obtenu une compensation.

1. – Tu n'as rien oublié ?
– Non, je crois ....

2. – Tu as assisté au séminaire sur le traitement des réclamations ?
– Oui, j'ai été très satisfait de ....

3. – Il a obtenu le poste de chef du SAV ?
– Oui, il est très fier de ....

4. – Ils ont pu trouver un arrangement ?
– Oui, ils sont très heureux de ....

5. – L'assistante du service est partie ?
– Oui, elle est très triste de ....

6. – Vous avez pu régler le problème ?
– Non, nous sommes désolés de ....

7. – Tu as bien répondu à la lettre de réclamation ?
– Oui, je pense ....

8. – Ils sont venus à la présentation ?
– Oui, mais ils regrettent de ....

GRAMMAIRE
↘ Outil ling.
n° 3 p. 151

9 Des événements à la chaîne

L'infinitif passé

Mémo

Après + infinitif passé s'utilise souvent en début de phrase quand le sujet des deux verbes est le même.
⚠ Les pronoms compléments se placent avant l'infinitif.
⚠ Le participe passé suit la règle des accords : *J'ai lu une offre d'emploi.*
→ *Après l'avoir lue, j'ai envoyé une lettre de candidature.*

A. Complétez les phrases en utilisant l'infinitif passif et le passé composé pour raconter une suite d'événements qui se sont passés. Employez des pronoms personnels si nécessaire. (Attention aux accords !)

Exemple : J'ai lu une offre d'emploi.
→ Après l'avoir lue, j'ai envoyé une lettre de candidature.
→ Après l'avoir envoyée, j'ai eu un entretien d'embauche.

1. J'ai reçu un colis.

Après ...., je l'ai ouvert.

Après ...., j'ai constaté des dommages.

Après .... des dommages, j'ai écrit une lettre de réclamation.

Après (la / écrire) ...., je la (envoyer) ....

Après ...., j'ai attendu une réponse.

Je n'ai toujours pas reçu de réponse !

101

Unité 9 — Traitez des litiges

2. Elle est allée à la réunion.

Après .... à la réunion, elle a rédigé une note.

Après .... une note, elle la (perdre) ....

Après ...., elle la (chercher) ....

Après ...., elle la (ne pas retrouver) ....

Elle a dû recommencer !

3. Ils ont lu les avis des internautes.

Après (les / lire) ...., ils les (analyser) ....

Après ...., ils ont corrigé les défauts de fabrication.

Mais ils ont perdu des clients !

B. Rédigez une succession d'événements sur le même modèle.

....
....
....

D Mauvais payeurs

GRAMMAIRE
Outil ling. n° 4 p. 151

10 Portraits-types

■ Les pronoms démonstratifs

A. Complétez l'article sur les mauvais payeurs avec les pronoms démonstratifs qui conviennent pour éviter les répétitions.

Pour mieux relancer un mauvais payeur, il vaut mieux connaître son profil.

Voici une typologie faite par un expert de la relation-client.

– Les « sincères » : ce sont (1) .... qui refusent de payer à cause d'un litige commercial. Il faut traiter (2) .... comme de bons clients.

– Les « électrons libres » : (3) .... possèdent plusieurs entreprises et jouent avec les comptes. Avec ce type de mauvais payeur, il faut donner des règles strictes.

– Les « experts » : ils mettent en place des procédures pour retarder les paiements. (4) .... sont très complexes et les règles sont rigides : par exemple, une facture est rejetée si une mauvaise case est cochée dans un paiement en ligne. Avec ce type de client, il faut cadrer les délais et le processus de paiement.

– Les « insolvables » : ces entreprises sont de deux types : (5) .... qui ont des problèmes de trésorerie et (6) .... qui sont en liquidation judiciaire*. Pour (7) ...., inutile de discuter avec le patron, c'est l'administrateur judiciaire qui décide.

* Une procédure qui entraîne la vente de la totalité des biens d'une entreprise (liquider = vendre en totalité)

Unité 9 — Traitez des litiges

– Les « déménageurs » : ces petites sociétés changent régulièrement d'adresse, c'est pourquoi il est impératif d'exiger un paiement comptant à la commande.

– Les « anonymes » : dans ces entreprises, on n'a jamais la bonne personne au téléphone. (8) .... est toujours absente ou occupée. On ne dispose que d'un numéro de téléphone. La voie judiciaire est la seule façon de se faire payer.

– Les « laxistes » : (9) .... n'ouvrent jamais leur courrier mais ils savent qu'ils ont des factures à payer. Le « laxiste » vous dira : « Ne vous inquiétez pas, je vais vous régler ». Avec (10) .... , il est important de demander un paiement avant la livraison.

COMPRÉHENSION

B. Indiquez, pour chaque énoncé, quel est le profil concerné. Cochez la bonne colonne.

	Les sincères	Les électrons libres	Les experts	Les insolvables	Les déménageurs	Les anonymes	Les laxistes
1. Ceux-là ne lisent pas les lettres.							
2. Ceux-ci bloquent facilement un paiement.							
3. Eux, ils ont un désaccord et donc ne payent pas.							
4. Ceux-là ne peuvent plus régler leurs dettes.							
5. Ceux-ci bougent tout le temps.							
6. Ceux-là sont spécialisés dans des systèmes redoutables de paiement.							
7. Avec eux, il faut prendre des mesures fortes pour se faire payer.							

GRAMMAIRE

↘ *Outil ling. n° 5 p. 151*

11 Des problèmes de paiement

■ **Les indicateurs de temps :** *tant que, jusqu'à ce que, jusqu'au moment où*

> **Mémo**
> *Tant que / jusqu'au moment où* + indicatif
> *Jusqu'à ce que* + subjonctif

Complétez les phrases avec logique en utilisant *tant que, jusqu'à ce que, jusqu'au moment où* pour indiquer la durée d'une action. Aidez-vous des phrases entre parenthèses. Attention au temps des verbes ! (Plusieurs réponses possibles.)

Exemple : Nous continuons à vendre en solde .... (notre stock est épuisé).
→ *Nous continuons à vendre en solde jusqu'à ce que notre stock soit épuisé / jusqu'au moment où notre stock sera épuisé.*

1. Ils cesseront toute livraison de marchandises .... (ils sont payés).

2. Ils ne peuvent pas faire face à leurs échéances .... (ils ont des problèmes de trésorerie).

3. Nous vous prions de nous consentir un délai de paiement .... (nous pourrons vous payer).

4. Nous n'accepterons aucune nouvelle commande .... (vous ne paierez pas).

Unité 9 — Traitez des litiges

5. Nous ne vous règlerons pas ....
(vous n'aurez pas réglé le litige).

6. Nous reportons votre paiement ....
(vous avez une rentrée de fonds).

7. Ils poursuivront la procédure judiciaire ....
(ils obtiendront satisfaction).

8. Nous relancerons le client par téléphone ....
(nous recevons le paiement).

VOCABULAIRE
↘ *Retenez p. 149*

12 Demande et réponse

A. Complétez les phrases extraites de lettres de réclamation relatives à des problèmes de paiement avec le mot qui convient : *anticipés, engagements, délai, demande, échéance, engagements, financer, fonds, pénalités, relance, salutations, suite, trésorerie.*

1. En effet, nous devons nous-mêmes .... des achats importants de matières premières. Par ailleurs, nous vous rappelons que nous vous avons déjà envoyé plusieurs lettres de .... par le passé à la suite d'impayés.

2. Nous vous prions de croire, Monsieur, à nos .... distinguées.

3. En conséquence, nous vous demandons de bien vouloir nous régler le 30 mars comme convenu. Dans le cas contraire, nous nous verrions obligés de vous compter des .... de retard.

4. Nous regrettons de vous informer qu'il ne nous sera pas possible de faire face au paiement de votre traite à .... du 30 avril.

5. Nous espérons que vous pourrez nous répondre favorablement étant donné le caractère exceptionnel de notre ....

6. Nous avons le regret de vous informer que nous ne pouvons pas donner une .... favorable à votre demande.

7. Nous espérons que vous pourrez tenir vos ....

8. C'est pourquoi nous vous saurions gré de nous accorder un .... de paiement.

9. Avec nos remerciements ...., nous vous prions de croire, Messieurs, à nos meilleurs sentiments.

10. Nous rencontrons actuellement des difficultés passagères de .... mais nous attendons d'importantes rentrées de ....

COMMUNICATION

B. Retrouvez les paragraphes de la partie A qui correspondent aux deux lettres suivantes. Notez-les par ordre chronologique. Puis rédigez les deux lettres sur une feuille à part.

– Une demande de délai de paiement : ....

– La réponse à la demande de délai de paiement : ....

Unité 9 | Traitez des litiges

PHONÉTIQUE **13 Le son [p]**

🔊 38 Écoutez. Combien de fois entendez-vous le son [p] dans le dialogue ?

On l'entend .... fois.

PHONÉTIQUE **14 Le son [p]**

🔊 39 Lisez, écoutez et répétez ces phrases le plus vite possible.

D'après le professeur Poulard, il est primordial de bien prononcer le « p ». Pour pratiquer, il peut vous conseiller de répéter, par exemple, le proverbe suivant : « Pain dérobé réveille l'appétit ».

PHONÉTIQUE **15 Le son [ə] / [e]**

Mémo 40

Je, *me*, *te*, *se*, *ne*, *ce*, *le* se prononcent [ə].
La lettre « e » sans accent entre deux consonnes se prononce [ə].
Les, ***des***, ***ces***, ***mes***, ***tes***, ***ces***, ***ses*** se prononcent [e].
La lettre « e » avec un accent aigu (« é ») et les verbes se terminant par « -ez » se prononcent [e].

🔊 41 Écoutez et prononcez correctement les sons [ə] / [e] dans les énoncés suivants.

1. Donnez-le moi. / Donnez-les moi.
2. Nous réglons ce produit. / Nous règlerons des produits.
3. Nous vous le retournons. / Nous vous les retournerons.
4. Proposons-le. / Proposons-les.
5. Réclamez-le. / Réclamez-les.

Unité 10 Participez à des projets

A Recherchons chef de projet

GRAMMAIRE

↘ *Outil ling.*
n° 1 p. 168

1 Délais serrés

■ Le subjonctif passé

Le chef de projet exprime des délais. Conjuguez les verbes au subjonctif passé.

1. Il faut qu'on (rédiger) .... le cahier des charges avant le 14 juin.

2. Il est important que tu (rendre) .... le planning avant midi.

3. Il est indispensable que nous (se voir) .... avant la réunion avec le maître d'œuvre.

4. Je veux que l'équipe projet (convenir) .... d'un programme avant la réunion de direction.

5. Il est nécessaire que les membres de l'équipe (faire) .... un reporting avant leur départ en congés.

6. Nous avons absolument besoin que vous (revenir) .... de Bruxelles avant le début des travaux.

7. Le chef de projet souhaite que je (calculer) .... le budget pour le 17 février.

GRAMMAIRE

↘ *Outil ling.*
n° 1 p. 168

2 Fiasco total

■ Le subjonctif passé

Sur une feuille à part, réécrivez le mail suivant en transformant les faits constatés en regrets. Utilisez des expressions comme *Je regrette que*, *Quel dommage que*, *C'est désolant que*, *Je suis désolé(e) que* + le subjonctif passé.

> Bonjour à tous,
>
> Rien ne s'est passé comme prévu. Le cahier des charges n'a pas été clarifié. Le chef de projet ne s'est pas assuré du bon déroulement des étapes. L'équipe projet n'a pas pris le temps d'examiner les contraintes du projet. On n'a pas respecté le budget alloué. Le travail des techniciens n'a pas permis d'aboutir aux résultats attendus. Bref, nous n'avons pas réalisé le projet avec professionnalisme.
>
> Cédric

Mémo

On utilise le subjonctif pour exprimer des sentiments. Si le fait pour lequel on exprime un sentiment est antérieur au sentiment, on utilise le subjonctif passé. *Je suis content qu'il soit venu. / Je regrette qu'il ne soit pas venu.*

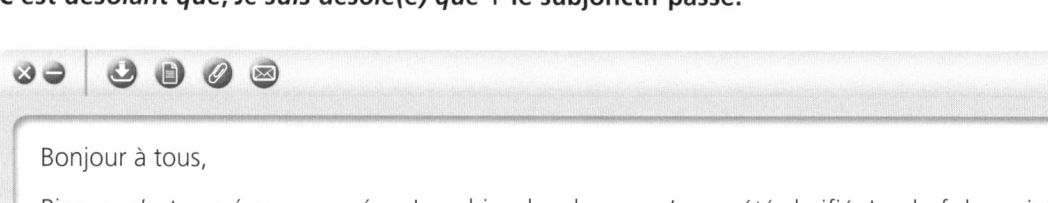

Unité 10 Participez à des projets

COMPRÉHENSION GRAMMAIRE

↘ Outil ling.
n° 2 p. 168

3 Appel urgent

■ Le subjonctif dans les propositions relatives

Lisez la petite annonce et précisez, sur une feuille à part, les qualités et compétences du profil recherché en faisant des phrases commençant par *Nous recherchons quelqu'un qui...*

Chef de projet opérationnel événement

Manger+

Via notre site acteur, nous développons le marché des courses en ligne et du prêt à manger. Nous proposons plus de 3 000 produits du quotidien et d'exception, livrés en une heure !

Dans le cadre de la croissance forte de cette activité, nous recherchons un chef de projet opérationnel événementiel pour prendre en charge de A à Z l'organisation des événements de nos clients entreprise (petit déjeuner, lunch, pause gourmande, réception et soirée).

Votre rôle	Vos qualités et compétences
Vous êtes un véritable chef d'orchestre en charge du succès de l'événement et de la satisfaction du client. Une fois le devis signé, vous prenez en main toute l'organisation et vous êtes garant du zéro défaut dans l'exécution des prestations.	– Sens de l'organisation, rigueur – Capacités relationnelles, travail en équipe – Imagination, créativité – Réactivité, sens pratique – Bonne humeur à toute épreuve

B Un projet bien cadré

VOCABULAIRE

↘ Retenez p. 163

4 Nouveau projet

A. Complétez la lettre de mission avec les mots suivants : *ajustements, avancement, budget, cadrage, cahier des charges, compte rendu, contraintes, équipe, note, objectifs, piloté, pilotage, plan, planifier, risques.*

LETTRE DE MISSION

Identification des parties

Demandeur : Service achats

(1) .... projet : Service en charge des applications achats de la Direction informatique + utilisateurs clés.

(2) .... du projet : Le groupe est (3) .... par le chef de projet informatique en collaboration avec le chef de projet utilisateur.

▶▶▶

Unité 10 — Participez à des projets

Identification du projet

Nom du projet : Application mobile pour les Commandes chantier

Nature du projet : création d'une application mobile pour les chefs de chantier afin de faciliter le processus des commandes. Aujourd'hui, les chefs de chantier doivent avoir un ordinateur sous la main pour effectuer les commandes. Ce n'est pas pratique et cela leur fait perdre du temps.

Missions

Les missions du groupe projet consistent à :

– identifier le (4) .... du projet et les objectifs ((5) .... , délais, fonctionnalités et (6) ....) et rédiger le (7) ....

– identifier les actions à mettre en œuvre pour atteindre et (8) .... les objectifs

– suivre et évaluer la mise en œuvre du (9) .... d'actions

Fonctionnement

Réunions de pilotage régulières avec les chefs de projet. Le demandeur est tenu au courant en permanence de l'(10) .... du projet et les (11) .... éventuels sont décidés au cours de ces réunions de pilotage. Une invitation et un ordre du jour sont à envoyer avant chaque réunion. Un (12) .... écrit est envoyé aux membres du groupe à l'issue de chaque réunion.

Évolutions du projet

Si, lors de la définition fine du projet, ou lors de l'avancement du projet, il est constaté que des (13) .... ne pourront pas être respectées, ou que certains des (14) .... ne pourront pas être atteints, il en sera référé au demandeur afin de décider d'un commun accord des modifications à apporter à cette (15) .... de cadrage.

B. Imaginez les réponses aux questions qu'on peut vous poser.

1. Qui a commandé ce projet ?

....

2. Quel est le livrable final ?

....

3. Dans quel but est mené ce projet ?

....

4. Quelle est la problématique actuelle ?

....

5. Quelle serait la situation idéale ?

....

6. Qui pilote ce projet ?

....

Unité 10 Participez à des projets

VOCABULAIRE
↘ *Retenez p. 163*

5 Le médecin qu'il vous faut

Complétez la présentation de ce médecin sur un site médical en utilisant des mots de la liste suivante.

bilan – cabinet – certificat – consultation – docteur – dossier – examens – maladies – médecin – prescriptions – suivi – soins – vaccinations – visite

> **Accueil**
>
> Le (1) .... Nathalie Rimbaut vous reçoit au sein de son (2) .... médical à Élancourt. Ce (3) .... généraliste reçoit les enfants et les adultes en (4) .... pour tous types de (5) .... médicaux généraux (contrôle annuel, (6) .... médical, (7) .... de santé). Il traite également les (8) .... infectieuses, peut réaliser des (9) .... cardiologiques grâce à du matériel adapté et assure le (10) .... des nourrissons (pesée, (11) ....).
> Lors de votre première (12) .... : Merci de vous munir de votre (13) .... médical et de toutes les (14) .... importantes qui vont ont déjà été faites.

COMMUNICATION
↘ *Retenez p. 163*

6 Service en perte de vitesse

Vous travaillez dans un hôtel dont la situation est catastrophique. Décrivez cette situation en continuant les phrases.

1. Rien ne/n'..
2. Ce n'est pas facile de ....
3. Il y a vraiment trop de ....
4. Il y a énormément de ....
5. Nous avons de plus en plus de ....
6. On n'a que ....
7. Les clients sont de moins en moins ....
8. C'est embêtant que ....

GRAMMAIRE
↘ *Outil ling. n° 3 p. 168*

7 C'est bien délimité

■ *Ne... que*

Transformez ces phrases décrivant les contraintes d'un projet en utilisant la restriction *ne/n'... que/qu'*.

Pour ce nouveau projet...

1. nous travaillerons avec un seul intervenant externe.

....

109

Unité 10 — Participez à des projets

2. j'ai sélectionné des objectifs réalistes.

....

3. on va pouvoir se réunir une fois par semaine.

....

4. j'aimerais qu'on prenne des personnes expérimentées.

....

5. nous avons prévu deux mois de travail.

....

6. le commanditaire peut nous donner un budget de 15 000 euros.

....

c Une réunion de validation

VOCABULAIRE GRAMMAIRE

↘ *Outil ling. n° 5 p. 169*
↘ *Retenez p. 165*

8 Réorganisation facile

■ L'adverbe *beaucoup*

A. Parmi les adverbes suivants (*beaucoup, énormément, très, extrêmement, trop*), identifiez ceux qu'on peut utiliser.

– pour intensifier un verbe ; exemple : On a .... travaillé.

– pour intensifier un adjectif ; exemple : Ce projet est .... difficile.

– pour intensifier un adverbe ; exemple : La réunion s'est terminée .... tard.

B. Lisez les conseils concernant un projet de réorganisation et exprimez l'intensité en ajoutant des adverbes pris dans la liste de la partie A.

1. Les raisons du changement doivent être claires.

....

2. Vous devrez bien expliquer comment se fera la réorganisation.

....

3. Communiquez avec vos collaborateurs.

....

4. Ne soyez pas exigeant.

....

5. Il est important que vous soyez attentif aux propositions de chacun.

....

6. Il ne faudra pas attendre entre le moment où vous annoncez la décision et le moment où vous passerez à l'action.

....

7. Vous devrez encourager les personnes hésitantes.

....

Unité 10   Participez à des projets

VOCABULAIRE

Retenez p. 161, 163, 165

9 SMS projet

Vous êtes investi(e) dans un projet. Des personnes de l'équipe vous envoient des SMS. Dites ce qu'elles expriment.

1. Tu as raison. Il ne faut pas que le client nous stresse.

2. Axel pilotera le projet et, toi, tu coordonneras l'équipe de développement.

3. Si je comprends bien, tu me demandes de rédiger le plan d'action ?

4. Il nous faudrait un informaticien de plus qui connaisse bien le type d'application que nous voulons créer et qui se soit déjà investi dans un projet comme le nôtre.

5. C'est vraiment embêtant que le projet n'ait pas été bien cadré !

6. On est dans l'obligation de livrer le produit rapidement. Il va falloir qu'on s'active !

7. La nouvelle assistante projet est très bien. Super réactive et elle sait travailler en équipe !

8. Quelle est la problématique exprimée par le client ?

9. On est super en retard. Le premier livrable était pour le 5.

a. Informe sur l'encadrement : ....

b. Indique des qualités professionnelles : ....

c. Décrit un profil recherché : ....

d. Décrit une situation problématique : ....

e. Vérifie la bonne compréhension : ....

f. Exprime une convergence de vues : ....

g. Parle de l'avancement des travaux : ....

h. Exprime des contraintes : ....

i. Interroge sur les besoins : ....

VOCABULAIRE

Retenez p. 165

10 Fabrication emmêlée

Retrouvez 9 mots du vocabulaire de la fabrication.

111

Unité 10 — Participez à des projets

11 Visite guidée

VOCABULAIRE
↘ *Retenez p. 165*

Lisez les phrases et reconstituez le texte en mettant les explications dans l'ordre.

Comment fabrique-t-on un smartphone ?

1. Puis elle la passe à sa voisine grâce à un petit tapis roulant.
2. Une vingtaine d'ouvrières côte à côte vont ainsi compléter le smartphone.
3. En sortie du robot, les smartphones sont chargés puis ils poursuivent leur route vers une nouvelle jeune fille, qui visse la coque externe et une suivante qui assure un dernier contrôle visuel avant l'emballage.
4. En tête de ligne, une jeune fille débute l'assemblage en attrapant une carte mère.
5. Contrairement à l'industrie automobile, ici, l'assemblage se fait à la main.
6. Une fois que l'appareil est assemblé, il passe par un robot qui le scanne pour y détecter des défauts.
7. Il démarre d'un côté de la chaîne sous la forme de pièces détachées importées et séparées (le module photo en provenance du Japon, la carte mère de Thaïlande...) et il finit complété et fermé une trentaine de mètres plus loin.
8. Par une série de gestes rapides et précis, elle connecte et relie 8 éléments différents à la carte. Chaque mobile ne lui reste en tout que 15 secondes entre les mains.

→ ....

D Témoignages utiles

12 Façons de dire

VOCABULAIRE
GRAMMAIRE

↘ *Outils ling. n° 6 et 7 p. 169*
↘ *Retenez p. 167*

- Le conditionnel passé
- L'expression de l'hypothèse irréelle

Exprimez les regrets de 3 autres façons. Complétez le tableau en suivant l'exemple de la première ligne.

1. *Je regrette de ne pas avoir mieux anticipé les risques.*	*Il aurait fallu que j'anticipe mieux les risques.*	*J'aurais dû mieux anticiper les risques.*	*Si j'avais su, j'aurais mieux anticipé les risques.*
2.	Il aurait fallu que nous réfléchissions mieux à la problématique.	....	....

Unité 10   Participez à des projets

3.	....	Vous auriez dû vous informer auprès du chef de projet.	....
4.	....	....	Si on avait su, on aurait conçu le projet avec plus de professionnalisme.
5.	....	J'aurais dû aller voir le demandeur plus tôt.	....
6.	Il aurait fallu que tu fasses remonter les problèmes à la Direction.	....	....
7. Mes collaborateurs regrettent de ne pas avoir pu se réunir plus souvent.	....	....	....

VOCABULAIRE
GRAMMAIRE

↘ *Outils ling.
n° 6 et 7 p. 169*
↘ *Retenez p. 167*

13 Déceptions

- Le conditionnel passé
- L'expression de l'hypothèse irréelle

Des personnes expriment leur déception concernant un projet. Complétez chaque commentaire en cochant l'expression qui convient.

1. ... du temps à la deuxième étape. Il va falloir qu'on paye des pénalités maintenant.

☐ **a.** Il aurait fallu perdre   ☐ **c.** Pourquoi n'avons nous pas perdu

☐ **b.** Nous aurions préféré perdre   ☐ **d.** Quel dommage que nous ayons perdu

2. Les essais n'ont pas été concluants. ... les besoins.

☐ **a.** On préférerait mieux identifier   ☐ **c.** Je regrette de ne pas avoir mieux identifié

☐ **b.** Quel dommage d'avoir identifié   ☐ **d.** Si on avait su, on n'aurait pas mieux identifié

113

Unité 10 Participez à des projets

3. Le budget était trop serré. ... davantage au moment du cadrage.
- **a.** On aurait préféré négocier
- **b.** Je regrette d'avoir négocié
- **c.** Il aurait fallu qu'on négocie
- **d.** Pourquoi nous avons négocié

4. On n'était pas assez nombreux sur le projet. Le chef de projet ... le travail à faire.
- **a.** n'aurait pas dû sous-estimer
- **b.** ne pouvait pas sous-estimer
- **c.** n'aurait pas pu sous-estimer
- **d.** regrette de ne pas avoir sous-estimé

5. Chacun a travaillé de son côté. ... plus de réunions de pilotage ?
- **a.** Ils n'auraient pas dû prévoir
- **b.** Pourquoi ne pas avoir prévu
- **c.** Quel dommage d'avoir prévu
- **d.** Je préférerais mieux prévoir

GRAMMAIRE

↘ *Outil ling. n° 7 p. 169*

14 Avec des si !

L'expression de l'hypothèse irréelle

Prenez connaissance des faits concernant un projet et faites des hypothèses.

1. On n'a pas bien estimé le temps de réalisation des livrables. Conséquence : on n'a pas fini dans les temps.

....

2. Le chef de projet a été très optimiste. Conséquence : il a communiqué des délais irraisonnables au demandeur.

....

3. Le cahier des charges ne comportait pas assez de précisions. Conséquence : on s'est trompés dans la définition des étapes.

....

4. L'équipe n'a pas bien évalué les risques. Conséquence : elle a dépensé beaucoup d'énergie à régler les problèmes.

....

5. Tu t'es mal comporté. Conséquence : tu as eu des problèmes avec les autres membres de l'équipe.

....

6. Les résultats n'ont pas convenu au patron. Conséquence : les membres de l'équipe n'ont pas obtenu de prime.

....

7. Je ne vous ai pas écouté. Conséquence : je n'ai pas bien compris vos besoins.

....

8. Les techniciens ne se sont pas concertés. Conséquence : Ils ne sont pas parvenus à une solution acceptable.

....

Unité 10 **Participez à des projets**

COMMUNICATION
↘ *Retenez p. 167*

15 Si c'était à refaire

L'équipe projet fait un bilan. Pour chaque situation, faites des suppositions pour une éventuelle prochaine fois. Utilisez l'expression « si c'était à refaire ».

1. Nous n'étions que 3 pour ce projet. Nous étions débordés. Si c'était à refaire ....

....

2. Mes collègues et moi, nous nous sommes débrouillés sans faire appel à une aide externe. Si c'était à refaire ....

3. Nous avons travaillé chacun de notre côté et ça n'a pas été facile. Si c'était à refaire ....

....

4. Nous avions prévu 5 mois pour ce projet. À la fin, nous étions vraiment stressés. Si c'était à refaire ....

....

5. Nous sommes partis trop vite sur le projet sans prendre le temps de réfléchir alors inévitablement nous avons fait des erreurs. Si c'était à refaire ....

PHONÉTIQUE

16 Opposition des sons [ø] et [œ]

Mémo

« Eu » + une consonne non prononcée se prononce [ø] : *jeux*.
« Eu » + une consonne prononcée se prononce [œ] : *beurre*. Sauf pour les adjectifs féminins qui se terminent par *–euse* et se prononcent [øz] comme *nombreuses*.

🔊 42 **A.** Écoutez les phrases contenant les sons [ø] et [œ] et écrivez-les.

1. ....
2. ....
3. ....
4. ....
5. ....

B. Vérifiez avec le corrigé. Écoutez à nouveau les phrases et observez la prononciation des deux lettres « eu » puis lisez le mémo.

PHONÉTIQUE

17 Opposition des sons [ø] et [œ]

🔊 44 Sans les écouter, prononcez les phrases et entourez le bon son. Puis écoutez pour vérifier. Répétez les phrases.

1. Il est cur**eu**x et ambiti**eu**x. [ø] / [œ]

2. Ils ont passé s**eu**lement trois h**eu**res à effectuer ce réglage. [ø] / [œ]

3. Il a un collègue sur qui il ne p**eu**t pas compter. [ø] / [œ]

4. Les utilisat**eu**rs ont mis en **œu**vre des solutions innovantes. [ø] / [œ]

5. Il doit valider le choix des coul**eu**rs pour ce client. [ø] / [œ]

Entraînement au DELF PRO B1

Compréhension de l'oral

Exercice : En réunion

🎧 45 Vous travaillez pour une PME. Vous assistez à une réunion entre les associés et le gérant.
Écoutez, prenez des notes et répondez aux questions en cochant la bonne réponse ou en écrivant l'information demandée.

1. Quel est le but de la réunion ?
❏ **a.** Faire le point sur l'avancement d'un projet.
❏ **b.** Évaluer les coûts de réalisation d'un projet.
❏ **c.** Réorganiser le personnel en fonction d'un projet en cours.

2. Où en est le projet aujourd'hui ?
❏ **a.** Le projet a 9 mois de retard.
❏ **b.** La nouvelle installation n'est pas opérationnelle.
❏ **c.** Les salariés ne sont pas encore formés.

3. Quel délai était prévu pour la réalisation de ce projet ?
....

4. Quelles sont les deux raisons qui ont conduit au choix du prestataire ?
....
....

5. Quelle difficulté le prestataire rencontre-t-il ?
....

6. Quel regret exprime l'associé ?
❏ **a.** Ne pas s'être suffisamment informé sur le prestataire.
❏ **b.** Ne pas avoir choisi un outil adapté.
❏ **c.** Ne pas avoir été assez rigoureux au moment de la commande.

7. Pourquoi la solution proposée par le prestataire a-t-elle été refusée par le gérant ?
❏ **a.** Il n'est pas certain que l'outil puisse fonctionner.
❏ **b.** L'outil isolé n'a pas d'utilité.
❏ **c.** Le coût de l'outil est beaucoup trop élevé.

8. Quelle décision est finalement prise ? *(2 éléments)*
....
....

Entraînement au DELF PRO B1

Compréhension des écrits

Exercice : Problème de maintenance

Dans le cadre du projet de rationalisation des outils informatiques, les 30 imprimantes individuelles de votre entreprise vont être remplacées par 5 imprimantes multifonctions (une par service). Vous êtes chargé(e) de comparer les offres concernant la maintenance.

Lisez les critères que le responsable informatique vous a donnés puis les offres des 4 spécialistes de la maintenance.

> **CRITÈRES À PRENDRE EN COMPTE POUR LE PRESTATAIRE MAINTENANCE :**
> — La possibilité d'obtenir un diagnostic, voire une aide à la réparation, par téléphone
> — Le déplacement d'un technicien dans les 24 h
> — Une garantie pièces et main d'œuvre gratuites de deux ans minimum
> — L'assurance que les pièces de rechange seront fournies pendant cinq ans minimum
> — La disponibilité rapide des pièces de rechange

PEGASUS

Le diagnostic et la prise en charge des produits se font exclusivement dans les ateliers de PEGASUS. Lorsque le client constate une panne de son produit, il contacte PEGASUS pour signaler la panne au n° 01 70 94 94 94 ou par mail via le site http://support.pegasus.com.
Une fois le produit réceptionné, PEGASUS prendra en charge la réparation du produit et le réexpédiera à la fin de celle-ci. PEGASUS assume la totalité des frais. Si le matériel que vous avez reçu présente des défauts, vous disposez de 48 h pour joindre le service hotline pour faire une réclamation.
PEGASUS possède un large stock permanent de pièces détachées et de consommables pour les plus grandes marques d'imprimantes (suivi 5 à 10 ans selon les modèles) et peut approvisionner les autres sous 48 heures.
Le contrat de maintenance de base est proposé pour une durée de 3 ans. Extensions possibles.

SACHIKO

Pour une réponse rapide et gratuite à vos questions :
HOTLINE
0826 101 101 (0,15 €/min)
— Un interlocuteur unique pour tout type ou marque de matériel
— Des services adaptés à vos besoins
— Une offre globale qui fait de SACHIKO le leader sur le marché.

Le délai de réparation sur site de votre imprimante, traceur, fax, multifonction est de maximum 8 heures ouvrées ! Notre réseau de partenaires nous permet d'intervenir partout en France dans les mêmes délais.
Disponibilité immédiate des pièces grâce à nos larges stocks et nos partenaires. Suivi des pièces de rechange pendant 4 ans minimum.
Déplacements, main d'œuvre et pièces gratuits pendant 18 mois.

BOOWOO

Notre assistance automatique à distance (via e-mail ou téléphone) offre un dépannage et une résolution des problèmes rapides. Les experts BOOWOO vous aident à diagnostiquer, résoudre les problèmes et vous offrent des conseils.
Nos contrats incluent : les déplacements, la main d'œuvre, les pièces détachées, la hot line.
BOOWOO vous garantit une qualité d'impression et de services irréprochable.
Des interventions rapides : intervention d'un technicien sous 24 heures en cas de panne. Remplacement de la machine en cas de panne non réparable. Tout ceci pendant toute la durée de votre contrat. Contrats de 1 an, 2 ans, 4 ans.
Nous possédons un stock permanent de pièces détachées pour de nombreuses imprimantes et pouvons approvisionner sous 24 heures ce que nous n'avons pas en stock. Les pièces sont suivies 5 à 10 ans selon constructeur.

NORDMANN

La durée de la garantie contractuelle NORDMANN est de un an, pièces et main d'œuvre, à compter de la date de facture. Si pendant la période de garantie, le produit s'avère défectueux, NORDMANN assure la réparation sans facturer la main-d'œuvre et les pièces.
La demande d'intervention en garantie s'effectue sur le site en ligne de NORDMANN. Le certificat de garantie et la facture originale sont à joindre impérativement au produit lors de son envoi ou de son dépôt en réparation.
Une fois le produit réceptionné, NORDMANN assure sa réparation dans un délai de 8 à 21 jours selon les travaux à effectuer et la présence en stock des pièces de rechange nécessaires. Sur demande, NORDMANN met à votre disposition un matériel de remplacement le temps de la réparation.
La durée de disponibilité des pièces est de 7 ans pour les produits professionnels.

Entraînement au DELF PRO B1

1. Indiquez à l'aide d'une croix (✗) si chaque critère de l'appel d'offre est respecté ou non.

	PEGASUS		SACHIKO		BOOWOO		NORDMANN	
	Oui	Non	Oui	Non	Oui	Non	Oui	Non
Assistance téléphonique								
Déplacement dans les 24 h								
Garantie								
Suivi des pièces de rechange								
Disponibilité des pièces de rechange								

2. Quel spécialiste/prestataire recommanderez-vous à votre responsable ?
....

Production écrite

Exercice : Rendre compte de ses activités

Vous travaillez pour une PME qui a fait appel à une entreprise de services spécialisée pour changer tout son système informatique. Le projet n'évolue pas comme cela a été prévu dans le contrat. Après plusieurs rappels verbaux, vous envoyez un courrier formel à l'entreprise. **Rappelez les engagements pris et décrivez précisément la situation. Exprimez votre mécontentement et vos exigences. Écrivez un texte de 160 mots minimum sur une feuille à part.**
NB : Vous pouvez vous inspirer de la situation de la compréhension orale.

Production et interaction orales

Exercice en interaction. L'objectif est de commenter un point de discussion.

Vous tirez au sort deux sujets et vous choisissez une situation. L'examinateur est votre interlocuteur.

Sujet ①
Avec le responsable informatique, vous organisez le planning et la logistique pour le changement des imprimantes. Vos priorités ne sont pas exactement les mêmes que celles du responsable informatique. Vous vous mettez d'accord sur les dates d'enlèvement des anciennes imprimantes et d'installation des nouvelles. Vous prévoyez le personnel et le matériel nécessaire pour effectuer ces tâches.
L'examinateur est le responsable informatique.

Sujet ②
Vous travaillez chez un fabricant de meubles en bois exotique. Votre entreprise a une semaine de retard sur la livraison d'une série de meubles pour un client régulier, et a des difficultés de production. Le client vous appelle et demande à recevoir ses meubles dans les plus brefs délais. Vous essayez de trouver un arrangement avec le client.
L'examinateur est le client.

Unité 11 — **Informez / Informez-vous**

A Salariés en colère !

GRAMMAIRE
↘ *Outil ling. n° 1 p. 184*

1 Brèves

■ Les prépositions

Mémo

Les prépositions indiquent généralement un rapport de sens : la possession, le lieu, le temps, la matière, le moyen de transport, la manière, la cause → *le bureau **du** directeur* / ***en face du** bureau du directeur* / ***dans** 2 ans* / ***en** soie* / ***en** avion* / ***à** toute vitesse* / ***par** professionnalisme*
Dans d'autres cas, la préposition n'a pas de sens particulier : *Ce travail est facile **à** faire.*

Complétez les brèves avec la préposition qui convient. (Parfois plusieurs réponses possibles.)

De nombreuses manifestations ont eu lieu aujourd'hui (1) .... toute la France (2) .... le projet de loi sur le travail. La mobilisation a été importante (3) .... l'organisation de plusieurs défilés. Le cortège parisien est parti (4) .... début d'après-midi. Le trafic a été très perturbé (5) .... les gares, les métros, les aéroports et (6) .... les routes.

Jeudi, une grève a eu lieu (7) .... Sopeira où les accords d'entreprise seront négociés jusqu'à jeudi soir minuit. Les salariés craignent (8) .... perdre tous les avantages dont ils bénéficient (9) .... la création de l'entreprise.

Une trentaine de salariés de la société Xinon étaient (10) .... grève hier pour manifester (11) .... la suppression de 18 postes (12) .... les 26 que comptent le site. Des panneaux placés (13) .... la grille d'entrée de l'entreprise présentaient les revendications des salariés.

VOCABULAIRE
↘ *Retenez p. 177*

2 Conflit social

Complétez l'article avec les mots suivants : *assemblée générale, grève, débrayage, négociation, ralenti(e), réclamer, s'opposer, protester*. Conjuguez les verbes et accordez les noms, si nécessaire.

Une quinzaine d'agences sur environ 85 du transporteur Duverger étaient perturbées mardi par une (1) .... Le syndicat CFDT-Transports recensait à la mi-journée des (2) .... dans une quinzaine d'agences avec une activité (3) .... La colère des salariés fait suite à la présentation jeudi dernier en (4) .... de l'offre d'un repreneur qui propose de conserver 52 agences et 2 150 emplois sur plus de 5 000. Les salariés (5) .... de nouvelles (6) .... Ils (7) .... aux licenciements et (8) .... contre les fermetures d'agences.

Unité 11 — Informez / Informez-vous

COMMUNICATION
↘ Retenez p. 177

3 Colère et détermination !

Des salariés expriment leur colère, leur exaspération ou leur détermination. Associez les énoncés de la première colonne avec ceux de la deuxième colonne.

1. Ça commence à
2. On en a
3. C'est
4. On ne peut pas continuer
5. Trop,
6. Nous n'avons plus rien
7. Nous sommes déterminés

- a. c'est trop !
- b. à nous battre !
- c. comme ça !
- d. bien faire !
- e. à perdre !
- f. insupportable !
- g. marre !

COMPRÉHENSION

4 Halte aux suppressions de poste

Lisez l'article et répondez aux questions.

Des pancartes de revendications en polystyrène[1] ont envahi le portail de l'entreprise Placoplatre. Racheté en 2005 par le groupe Saint-Gobain, le site produit du polystyrène expansé destiné au marché du bâtiment depuis 1969. « C'est tombé le jour de la grève nationale mais c'est un hasard », dit Emmanuel Aubry, 47 ans, découpeur dans la société depuis 10 ans qui a appris officiellement la suppression de 13 postes dans son entreprise vendredi dernier.

« Toute la partie fabrication du polystyrène va disparaître et être transférée vers d'autres sites, une cellule de reclassement va être mise en place avec des indemnités relativement basses » explique Eddy Bussi, 38 ans, opérateur découpe et délégué syndical de la section Force ouvrière. « Un opérateur qui a fait 15 ans n'aura même pas 10 000 €, alors que notre PDG a un des plus gros salaires de France » souligne Matthieu Fabien, 36 ans, chef d'équipe, dans l'entreprise depuis 15 ans. « On est les sacrifiés ; ils disent que les activités du polystyrène sont en baisse » ajoute Sabine Guillez, 55 ans, agent logistique sur le site depuis 33 ans. « En gros, on paye pour tout le monde[2]. Il n'y a jamais eu autant de boulot, on n'a jamais fait un mois de février comme ça ! Le groupe n'a pas fait d'effort pour qu'on puisse produire plus alors que l'isolation c'est l'avenir », manifeste Emmanuel Aubry.

Dans l'usine de Saint-Michel, la nouvelle chaîne installée permettra de garder les salariés restants « mais on ne sait pas combien de temps ça va durer. Pour choisir ceux qui vont être licenciés, la direction va se baser sur des critères d'âge, l'ancienneté, la situation familiale », détaille Sabine Guillez.

Le 31 juillet, l'activité polystyrène sera définitivement fermée, les salariés devraient être fixés sur leur sort fin juin, début juillet. « Je ne sais pas ce que je vais devenir ; qu'est-ce que je peux faire à mon âge ? », se désole l'agent logistique.

D'après un article de *Vosges Matin*.

---
1. Le polystyrène est une matière plastique. Le polystyrène expansé est une forme de polystyrène.
2. On paye pour tout le monde : on subit les conséquences à la place de tous les autres.

Unité 11 **Informez / Informez-vous**

1. Complétez la fiche de l'entreprise.

Nom de l'entreprise : .... Nom du groupe : ....

Activité : ....

Date de rachat de l'entreprise : .... Marché visé : ....

Date de production de polystyrène : ....

Date d'arrêt programmé de l'activité polystyrène : ....

2. Complétez les fiches des salariés.

Emmanuel Aubry

Âge : ....

Métier : ....

Années d'ancienneté : ....

Eddy Bussi

Âge : ....

Métier : ....

Années d'ancienneté : /

Mathieu Fabien

Âge : ....

Métier : ....

Années d'ancienneté : ....

Sabine Guillez

Âge : ....

Métier : ....

Années d'ancienneté : ....

3. Qui dit quoi ? Lisez les phrases et écrivez le nom de la personne qui donne cette information. Justifiez vos réponses en écrivant l'énoncé de l'article qui a le même sens que cette information.

a. La sélection du personnel licencié va se faire selon trois paramètres.

....

b. On rapporte qu'il y a une diminution de l'activité.

....

c. L'activité polystyrène sera effectuée par d'autres unités de production.

....

d. Notre mouvement a lieu en même temps que le mouvement de contestation national mais c'est involontaire.

....

e. Le salaire d'un opérateur est très bas comparé à celui de notre dirigeant malgré son ancienneté.

....

f. En résumé, c'est nous qui subissons les conséquences.

....

g. Une organisation va proposer d'autres emplois ou une formation aux salariés.

....

Unité 11 — Informez / Informez-vous

B À la une

GRAMMAIRE
↘ *Outil ling.*
n° 2 p. 184

5 La presse en parle

■ La nominalisation

Memo

La nominalisation consiste à transformer des phrases pour les alléger ou les simplifier. Il y a des nominalisations à base adjective et à base verbale.
⚠ Une même forme verbale peut donner 2 nominalisations : *exposer → exposé, exposition*.
⚠ La transformation nominale peut entraîner des modifications dans la phrase.

Transformez les informations économiques suivantes en titres de presse en nominalisant les mots soulignés.

1. Les négociations <u>ont échoué</u> entre les opérateurs Bouygues Telecom et Orange.

....

2. Le groupe électronique taïwanais Hon Hai <u>a pris</u> le contrôle du japonais Sharp.

....

3. Les impôts en France <u>seront prélevés</u> à la source.

....

4. Les dépenses des ménages <u>ont progressé</u> en juin et les dépenses en biens d'équipement du logement <u>se sont accélérées</u>.

....

5. Publiembal et Sphere, deux leaders des emballages <u>vont créer</u> une filiale commune pour <u>commercialiser</u> des sacs biodégradables.

....

GRAMMAIRE
↘ *Outil ling.*
n° 2 p. 184

6 Portraits

■ La nominalisation

Transformez les témoignages suivants en utilisant *à cause de* ou *grâce à* + nominalisation ou *par*.

Exemple : Ce collègue est apprécié par tous parce qu'il aimable et compétent.
→ *Ce collègue est apprécié par tous grâce à son amabilité et sa compétence.*

1. Mon PDG, il est à la fois détesté par les uns parce qu'il est froid, autoritaire, orgueilleux et arrogant et respecté par les autres parce qu'il est intelligent, cultivé, courageux, déterminé, efficace mais aussi discret.

....

....

2. Je connais un cadre au chômage qui vient de reprendre une entreprise à 58 ans. Il estime qu'il a des atouts parce qu'il est âgé, expérimenté, persévérant, conscient des difficultés du secteur du bâtiment et parce qu'il connaît bien le domaine d'activité.

....

....

Unité 11 Informez / Informez-vous

GRAMMAIRE

7 Biographies

Outil ling. n° 3 p. 185

Le passé simple

Conjuguez les verbes au passé simple pour raconter l'histoire de ces chefs d'entreprise. Puis trouvez le nom de la personne.

A. Né le 28 octobre 1955 à Seattle, aux États-Unis, cet informaticien de génie est devenu l'un des hommes les plus riches au monde. Précurseur dans le domaine de la micro-informatique, il (1. créer) .... la société Microcomputer Software, avec son ami Paul Allen, alors qu'il n'avait que 20 ans. Quelques années plus tard, l'entreprise (2. devenir) .... Microsoft. Les deux amis (3. faire) .... fortune grâce à l'invention du premier langage de programmation qui fonctionne sur un ordinateur commercial. La société IBM qui (4. entrevoir) .... les perspectives de cette invention, (5. pouvoir) .... passer un accord avec l'informaticien pour créer un système d'exploitation. Dès lors, les deux fondateurs (6. ne pas cesser) .... d'innover. C'est en 1986 que la société (7. effectuer) .... son entrée en bourse.

→ Qui est cet informaticien de génie ? ....

B. Ce fils de restaurateurs (1. naître) .... dans la région lyonnaise. À l'âge de 10 ans, il (2. emménager) .... avec ses parents dans l'hôtel-restaurant familial, L'Auberge du Pont. Le jeune homme y (3. apprendre) .... le métier de cuisinier. Après avoir travaillé dans des restaurants étoilés à Paris et à Lyon, il (4. reprendre) .... le restaurant de ses parents en 1958. En 1965, il (5. obtenir) .... sa troisième étoile au guide Michelin. Ce (6. être) .... le début d'une ascension exceptionnelle. Le restaurateur (7. ouvrir) alors .... des établissements dans le monde entier ainsi qu'une école hôtelière. Il est le représentant des traditions gastronomes françaises.

→ Qui est ce chef étoilé français ? ....

COMMUNICATION

8 Indiscrétions

Retenez p. 179

Mémo
Le conditionnel passé se forme avec l'auxiliaire *avoir* ou *être* au conditionnel présent + le participe passé du verbe.

Transformez les brèves suivantes en informations non confirmées en conjuguant les verbes au conditionnel présent ou passé.

Le *Journal du Dimanche* rapporte que le groupe Total (1) veut .... céder sa participation de 1 % au capital d'Areva, ce que (2) regrette .... la direction du groupe pétrolier.

Le conglomérat[1] russe Interos présent dans les médias, le tourisme, la finance (3) peut .... devenir actionnaire d'une banque française.

Le Club Med (4) a saisi .... l'Autorité des Marchés Financiers.

123

Unité 11 — Informez / Informez-vous

Thomson (5) bénéficie .... d'un nouveau délai pour renégocier sa dette.

Alcatel Lucent (6) a été .... sur le point de signer un important contrat.

LVMH (7) est disposé .... à céder sa branche[2] de vins et spiritueux Moët Hennessy à son partenaire Diageo.

---
1. Le conglomérat : groupe d'entreprises d'activités différentes.
2. La branche : l'activité.

VOCABULAIRE

> Retenez p. 179

9 Mots croisés de la bourse

Retrouvez les mots et complétez la grille.

1. C'est une part de capital apportée par une autre entreprise.
2. C'est un titre de propriété qui représente une part de capital.
3. C'est un groupe / un paquet d'actions.
4. C'est l'argent apporté par les actionnaires à une société.
5. C'est un sigle correspondant à une offre faite par une société pour acheter une autre société.
6. C'est une entreprise dont 50 % du capital appartient à une maison-mère.

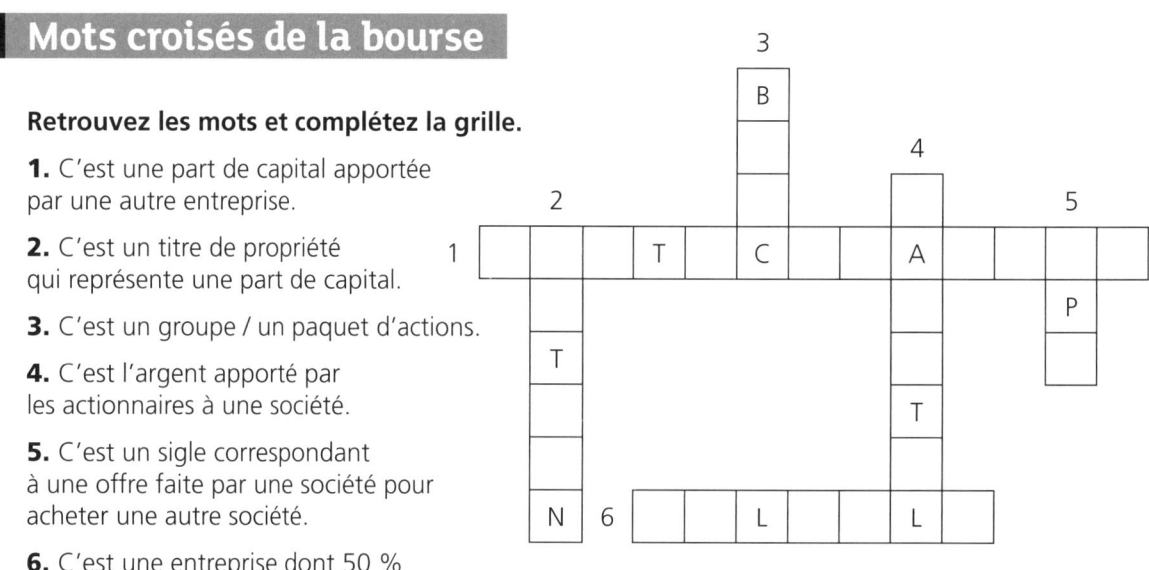

C Je fais le point !

GRAMMAIRE

> Outil ling. n° 4 p. 185

10 Mobilité et transformation digitale

■ **Les connecteurs**

A. Complétez l'article avec les connecteurs de discours : *bref, d'abord, d'une part, d'autre part, en effet, en d'autres termes, enfin, en premier lieu, ensuite, mais également, non seulement.*

Les travailleurs modernes sont devenus de plus en plus mobiles. (1) .... de plus en plus d'entreprises se tournent vers des terminaux portables, des notebooks ou des tablettes pour permettre à leurs salariés de travailler (2) .... au bureau et (3) .... chez eux ou en déplacement. La mondialisation a pour conséquence de les mettre en relation permanente avec des clients situés partout dans le monde. Les cadres sont donc amenés à beaucoup se déplacer. 74 % des cadres utilisent au moins deux lieux de travail différents. Cette évolution est souhaitée (4) .... par l'entreprise (5) .... par les cadres.

Unité 11　Informez / Informez-vous

Si les cadres plébiscitent à ce point le travail à distance, c'est (6) .... pour éviter de perdre du temps dans les trajets (72 %), (7) .... pour mieux concilier vies professionnelle et personnelle (37 %), pour un meilleur partage des informations et (8) .... pour travailler de manière plus efficace.

Les conférences vidéo et, de façon plus globale, les outils collaboratifs ont aussi le vent en poupe. Au delà des avantages que cela représente, il y aussi des inconvénients. (9) .... il y a la sécurité. (10) .... comment la garantir alors que de plus en plus de terminaux ont accès aux données de l'entreprise ? Comment garantir que les documents stockés dans le cloud ne tomberont pas dans de mauvaises mains ? (11) .... , voilà une partie des questions auxquelles les entreprises doivent répondre lorsqu'elles mettent en place des équipements informatiques.

D'après un article de *L'Expansion*

COMPRÉHENSION

B. Lisez les 3 chapeaux de presse* et cochez le résumé qui correspond le mieux à l'article ci-dessus.

☐ **1.** « Mobiles » est le maître mot qui définit les travailleurs modernes grâce aux outils collaboratifs et les avantages sont énormes tant pour l'entreprise que pour le salarié.

☐ **2.** Les cadres multiplient leurs lieux de travail et utilisent de plus en plus les outils collaboratifs mais cette évolution reste encore marginale et n'est pas sans risque pour les salariés et les entreprises.

☐ **3.** Avec l'évolution des technologies et la mondialisation, la mobilité est au cœur de la transformation digitale. Le travailleur devient de plus en plus mobile. Une chance pour lui mais aussi des risques à prendre en considération pour l'entreprise.

*Un chapeau de presse : un court texte d'introduction qui résume un article.

COMMUNICATION

↘ *Retenez p. 181*

11　En réunion de reclassement

A. Vous assistez à une réunion de reclassement. Lisez les énoncés et classez-les selon l'intention du directeur quand il prend la parole.

1. « Je vous en prie, je vous laisse la parole. »

2. « Pour commencer, je vous rappelle les objectifs de cette réunion. Il s'agit du reclassement de trois de nos salariés. »

3. « En ce qui concerne ce point, je tiens à préciser que nous avons le rapport du médecin du travail. »

4. « Monsieur Xavier, je vous demande d'être bref. »

5. « Bien. Alors, pour l'un d'entre eux, il s'agit d'un problème d'inaptitude temporaire suite à un problème de santé. Son reclassement consiste à lui proposer un emploi adapté. Pour les 2 autres, les postes sont supprimés et on va leur proposer un bilan de compétences. »

a. Il annonce un plan / un déroulement : ....

b. Il limite le temps de parole : ....

c. Il donne la parole : ....

d. Il définit / explique : ....

e. Il illustre / apporte une information complémentaire : ....

Unité 11 — Informez / Informez-vous

B. Complétez un extrait de la transcription de la réunion. Notez le numéro de chaque réplique de la partie A à l'endroit qui convient.

LE DIRECTEUR : ....

M. XAVIER, DÉLÉGUÉ DU PERSONNEL : Vous pouvez nous dire pourquoi on envisage le reclassement de ces trois salariés ?

LE DIRECTEUR : ....

M. XAVIER, DÉLÉGUÉ DU PERSONNEL : Je voudrais vous rappeler le Code du travail.

LE DIRECTEUR : ....

M. XAVIER, DÉLÉGUÉ DU PERSONNEL : D'accord. La loi stipule qu'il faut les conclusions du médecin du travail.

LE DIRECTEUR : ....

LA DRH, MADAME JUILLET : Excusez-moi. Désolée de vous interrompre.

LE DIRECTEUR : ....

LA DRH, MADAME JUILLET : J'ai eu un entretien avec chacun des salariés qui a consisté à analyser leur parcours professionnel. Par ailleurs, j'ai fait le point sur les reclassements possibles avec eux.

LE DIRECTEUR : Merci, pour cette précision madame Juillet.

D Débat d'idées

COMMUNICATION GRAMMAIRE

↘ *Outil ling. n° 5 p. 185*

12 Concessions multiples

■ **L'expression de la concession**

Associez les énoncés de ces nouvelles économiques pour faire des phrases cohérentes.

1. En dépit de la crise
2. Quand bien même les salariés se mettraient en grève,
3. Au risque de mécontenter les salariés,
4. Quoi qu'il fasse pour obtenir un emploi,
5. Quoi que le gouvernement fasse pour réduire le chômage

- a. il est toujours au chômage.
- b. le nombre de demandeurs d'emploi ne diminue pas.
- c. la direction resterait inflexible sur les suppressions de postes.
- d. l'augmentation des rémunérations est gelée.
- e. le groupe investit régulièrement dans la recherche et développement.

Unité 11 — Informez / Informez-vous

GRAMMAIRE

↘ *Outil ling.*
n° 5 p. 185

13 L'entreprise libérée, révolution ou imposture ?

■ **L'expression de la concession**

> **Mémo**
> ***Quoi que*** + subjonctif
> ***Quand bien même*** + conditionnel
> ***En dépit de*** + nom ou pronom
> ***Avoir beau / Au risque de*** + infinitif

A. Des internautes débattent sur les effets contraires d'un nouveau mode de management. Transformez les posts suivants. Utilisez les expressions de la concession données entre parenthèses. Attention à la conjugaison des verbes : mode et temps !

Ponix	**1.** Quoi qu'on puisse dire, pour ou contre l'entreprise sans hiérarchie, ça ne change rien au stress des salariés qui doivent atteindre les objectifs fixés.
Gerda	**2.** Les salariés ont beau être libres et responsables, en réalité tout le monde est sous contrôle.
Styli	**3.** Quand bien même je déplairais en disant cela, je suis sûr que les chefs ont des arrière-pensées en optant pour ce type de management.
Alexis	**4.** Quoi que vous croyiez, je trouve que cette forme d'organisation sans hiérarchie apporte du bonheur au travail.
A+	**5.** En dépit de ce qu'on dit, ce système s'inscrit surtout dans une logique de réduction de coûts.
Papier	**6.** Ce système améliore les conditions de travail pourtant les salariés sont nombreux à démissionner.
HPC	**7.** Même si je gagnais plus, je ne pourrais pas travailler dans ce type d'entreprise.

1. (avoir beau) ....

2. (quoi que) ....

3. (au risque de) ....

4. (en dépit de) ....

5. (quoi que) ....

6. (avoir beau) ....

7. (quand bien même) ....

COMPRÉHENSION

B. Quel(s) internaute(s) est (sont) pour l'entreprise libérée et lequel (lesquels) est (sont) ou ni pour ni contre ?

Pour : ....

Contre : ....

Ni pour, ni contre : ....

127

Unité 11 Informez / Informez-vous

VOCABULAIRE

↘ *Retenez p. 183*

14 L'économie en quelques mots

Complétez les phrases avec le mot qui convient : *acquis social, bien, circuit, économie collaborative, précarisation, service, valeur*. **Accordez les noms et les adjectifs, si nécessaire.**

1. L'.............................. est une activité humaine qui vise à créer de la ....
en commun et qui repose sur de nouvelles formes d'organisation du travail.

2. En économie, on parle de .... comme par exemple une voiture, un livre mais aussi une machine et de .... comme par exemple les prestations hôtelières, bancaires ou encore les transports, le tourisme, etc.

3. Un .... de distribution peut être court comme la vente directe au consommateur ou long quand il y a plusieurs intermédiaires de commerce.

4. Avec l'utilisation accrue des contrats à durée déterminée, de l'intérim, du temps partiel,
la .... du travail touche le plus souvent les jeunes.

5. Grâce aux accords d'entreprise, les salariés ont pu bénéficier de nombreux ....
qui sont des avantages comme les chèques vacances, les voitures de fonction, les primes,
les assurances santé, l'âge du départ à la retraite...

PHONÉTIQUE

15 L'accent d'insistance

🎧 46 **A. Écoutez les phrases suivantes et dites pourquoi l'intonation est différente la deuxième fois.**

1. On a pris énormément de retard. On a pris <u>énormément</u> de retard.

2. La réunion s'est vraiment mal passée. La réunion s'est <u>vraiment</u> mal passée.

3. Les clients ne sont absolument pas d'accord entre eux. Les clients ne sont <u>absolument</u> pas d'accord entre eux.

4. Le design ne lui a pas du tout plus. Le design ne lui a <u>pas du tout</u> plu.

5. Il faut absolument lancer la fabrication du robot. Il faut <u>absolument</u> lancer la fabrication du robot.

6. Ça a demandé beaucoup plus de temps que prévu ! Ça a demandé <u>beaucoup</u> plus de temps que prévu !

→ L'intonation est différente la deuxième fois car ....

B. Répétez chaque phrase de la partie A des deux manières (sans insistance puis avec insistance).

PHONÉTIQUE

16 L'accent d'insistance

🎧 47 **Écoutez. Dites sur quel mot vous devez placer l'accent d'insistance. Ensuite, vérifiez avec le corrigé et répétez les deux manières de prononcer.**

1. Elle laisse beaucoup de liberté à ses collaborateurs.

2. Il communique bien avec ses salariés.

3. L'équipe apprécie vraiment son savoir-vivre.

128

Unité 12 Rendez compte

A Un entretien exclusif

GRAMMAIRE
↘ *Outil ling.*
n° 1 p. 200

1 Négatif !

■ **La négation par le lexique avec les préfixes négatifs**

Une journaliste a interrogé des entrepreneurs. Complétez leurs réponses à l'aide d'un verbe ou d'un adjectif à préfixe négatif, comme dans l'exemple.

Exemple : Vous allez pouvoir utiliser cette matière première ?
→ Malheureusement, je crains qu'elle soit devenue *inutilisable*.

1. – C'est une action de concurrence plutôt loyale, non ?

– Je ne trouve pas. Pour moi, c'est de la concurrence ....

2. – Ce profil de client est typique ?

– Pas du tout. C'est assez .... et difficile à traiter pour nous.

3. – Vous avez pu déterminer les causes de la baisse de fréquentation de vos sites ?

– Non, pour l'instant ces causes restent ....

4. – La faillite est liée à un problème d'entente entre les associés ?

– Hélas, oui. Il y avait une franche ....

5. – Ce produit doit être très efficace, j'imagine ?

– Malheureusement, non. Les tests prouvent qu'il est encore largement ....

6. – Vous allez maintenir l'organisation en place ?

– Autant que possible. Notre but n'est pas de .... le travail.

COMMUNICATION
↘ *Retenez p. 193*

2 À chacun ses projets

Associez les deux parties de phrases pour rendre à chaque personne son projet.

1. Nous voulons améliorer...

2. Nous allons mettre en place...

3. Le groupe continuera à conduire...

4. Nous avons choisi de nous positionner...

5. La direction souhaite veiller...

a. ...des projets innovants et porteurs.

b. ...la perception que nos clients ont de nos services.

c. ...sur des marchés de niche.

d. ...à la formation continue des collaborateurs.

e. ...une stratégie commerciale plus agressive.

1	2	3	4	5

129

Unité 12 — Rendez compte

COMPRÉHENSION COMMUNICATION

↘ *Retenez p. 192*

3 Une belle leçon

Mettez les répliques dans l'ordre pour reconstituer l'interview entre une journaliste et un entrepreneur.

...... – **a.** Journaliste : Mais vous avez redressé la situation ?

...... – **b.** Entrepreneur : Mon point faible a été mon optimisme. Aujourd'hui, je sais que, pour défendre sa place sur le marché, il faut avant tout avoir un projet réfléchi.

...... – **c.** Journaliste : Comment avez-vous fait cette fois ?

...... – **d.** Entrepreneur : Oui, nous avons peu à peu retrouvé la croissance. Mais c'est surtout grâce à la conjoncture. À ce moment-là, le marché des travaux publics avait le vent en poupe. Tous les concurrents investissaient dans du matériel flambant neuf. Nous avions pris beaucoup de retard sur les investissements, alors j'ai investi 2 millions d'euros sur deux ans.

...... – **e.** Entrepreneur : Pas immédiatement. J'ai dû commencer par déposer le bilan de la société fondée par mon grand-père. Un choc ! Et puis, j'ai voulu y croire et je me suis lancé dans une vaste opération de réduction des coûts : j'ai diminué le nombre d'agences et licencié 25 collaborateurs sur les 75 de l'époque.

...... – **f.** Journaliste : Et cette stratégie de réductions sévères a payé ?

...... – **g.** Journaliste : Tout allait pour le mieux, donc ?

...... – **h.** Entrepreneur : Bonjour ! En fait, je suis entré tardivement dans l'entreprise, à 41 ans, quand mon père m'a appelé à l'aide. La situation était catastrophique, les pertes s'étaient accumulées et il allait déposer le bilan. Et je n'avais aucune expérience de dirigeant...

...... – **i.** Journaliste : Et quelle leçon tirez-vous de cette expérience ?

1 – **j.** Journaliste : Bonjour Gilles, vous pouvez nous raconter comment vous avez failli perdre l'entreprise familiale ?

...... – **k.** Entrepreneur : Malheureusement non, car le marché s'est très vite retourné et je ne pouvais plus rembourser les crédits.

...... – **l.** Entrepreneur : Pour répondre aux besoins des clients, nous nous étions diversifiés et j'avais parallèlement développé une activité de location qui avait beaucoup de succès. J'ai de nouveau restructuré et réduit la taille de l'entreprise.

VOCABULAIRE

↘ *Retenez p. 193*

4 Rapports annuels

Complétez les phrases à l'aide des mots suivants : *dividende, plan d'investissement, diversification, marge, croissance, perte, titre, résultat*. Mettez les mots au pluriel, si nécessaire.

1. Dès septembre, le groupe a renoué avec la .... des ventes, démontrant ainsi la pertinence des choix stratégiques adoptés.

2. Le conseil d'administration a décidé de porter le .... à 2,80 euros par action.

3. Le secteur santé est d'une façon générale moins exposé aux .... et représente aujourd'hui le socle de notre performance.

4. L'alourdissement de la charge d'impôt est compensé par une amélioration des produits financiers, permettant un .... net à l'équilibre.

5. Pour rester à la pointe, la clinique Pasteur développe en permanence des projets d'innovation et vient de lancer un ambitieux .... sur 5 ans.

6. Ce groupe, bien implanté dans la restauration, s'est lancé dans un projet de .... : la rénovation d'un hôtel de 104 chambres.

7. Moins exposées à la concurrence internationale, les PME ont pu continuer à pratiquer des prix de vente élevés, ce qui leur a permis de conserver une .... bénéficiaire confortable.

8. Après un démarrage très prometteur, l'évolution du .... au CAC40 s'est finalement limitée à 2,7 % sur l'ensemble de l'année.

B Un audit explicite

GRAMMAIRE
↘ *Outil ling.
n° 2 p. 200*

5 Une semaine chez les commerciaux

■ **L'accord des verbes pronominaux dans les temps composés**

Entourez la forme correcte du participe passé.

De : direction commerciale
À : direction administrative, direction production, direction marketing

Bonjour,
Veuillez trouver ci-dessous le rapport d'activité des commerciaux pour la semaine 14 :
Nadège Roser a pris son poste lundi. Son arrivée s'est bien (1) **déroulé / déroulée / déroulés** et elle s'est tout de suite bien (2) **entendu / entendue / entendus** avec ses collègues. Elle s'est (3) **installé / installée / installées** au bureau face à Christian Pintault. Elle s'est (4) **mis / mise / mises** au travail très vite. Ses contacts téléphoniques ont été positifs. J'ai pu remarquer qu'elle adaptait son discours selon l'interlocuteur. Elle a pris deux rendez-vous (L'atelier de Nicole et Etiqpress) et a établi un bon contact avec l'acheteur de la Marque Repère (Leclerc).
Amina Bidich et Christian Pintault se sont (5) **partagé / partagés / partagées** la prospection du secteur de la chimie. Ils se sont (6) **appuyé / appuyés / appuyées** sur la liste établie l'an dernier. Amina Bidich s'est déjà (7) **occupé / occupée / occupées** d'une cinquantaine d'entreprises de la liste. Elle a également répondu à la demande de prix d'Exxo pour une trentaine de références. Christian Pintault a contacté 50 sociétés dans le secteur de la cosmétique. Par ailleurs, il a enfin pu joindre l'acheteuse de Bionair et ils se sont (8) **parlé / parlée / parlés** longuement. Le contact a été positif.
Vendredi après-midi, nous nous sommes (9) **retrouvé / retrouvés / retrouvées** tous les quatre pour faire le point et nous nous sommes (10) **communiqué / communiqués / communiquées** certains dossiers de façon à mettre en place le travail par binôme souhaité lors de la dernière réunion générale.
Je reste à votre disposition pour toute question.
Evelyne Guilbert
Directrice commerciale

Unité 12 — Rendez compte

COMMUNICATION
↘ *Retenez p. 195*

6 On s'est trompés !

Les personnes qui ont écrit ces rapports se sont trompées. Dites l'inverse en utilisant des formules pour pointer des dysfonctionnements ou décrire des points satisfaisants. Plusieurs réponses sont parfois possibles.

1. Le contrôle qualité montre quelques failles.

....

2. Aucune procédure n'est formellement définie.

....

3. Le conditionnement et l'expédition des produits sont effectués dans de bonnes conditions.

....

4. Le procédé de fabrication du produit donne toute satisfaction.

....

5. Les étiquettes permettent bien de renseigner sur la composition du produit.

....

6. Le contremaître ne vérifie pas régulièrement le fonctionnement des appareils.

....

COMPRÉHENSION VOCABULAIRE
↘ *Retenez p. 195*

7 Réunion Qualité

Lisez le compte-rendu suivant puis cochez la ou les bonne(s) réponse(s).

COMPTE RENDU DE RÉUNION QUALITE / PLANNING / SUIVI DE PRODUCTION
LE 20/05 à 14 h 00
Personnes présentes :
Alice H. – Sébastien V. – Régis S. – Stéphanie N. – Carla C. – Cédric G.

POINT N° 1 : SUIVI DE SAISIE DES ORDRES DE FABRICATION (OF)
• Comme défini dans la procédure COMMERCIAL / LANCEMENT / SAISIE, les OF doivent être saisis dans un maximum de 48 heures après la planification.
• Les dossiers non saisis doivent être remis à l'emplacement prévu à cet effet le soir et ne doivent pas rester sur les bureaux.
• Il semble que cette procédure ne soit pas toujours appliquée suite à un désaccord avec le Service Planning. Nous nous mettons d'accord pour que la procédure soit respectée.

POINT N° 2 : NON-CONFORMITÉS (NC) CLIENTS
– 1 NC client depuis le 01/01 pour le service commercial soit 1,41 %
– 3 NC clients depuis le 01/01 pour le service expédition soit 3,66 %
– 13 NC clients depuis le 01/01 pour le service conditionnement soit 15,85 %
Montant total d'avoirs pour ces 3 services : 318,91 €
Montant total d'avoirs pour la totalité des services : 11 249,59 €

Les non-conformités clients pour ces 3 services résultent en grande partie des points suivants :
– manque d'étiquettes dans les rouleaux ➡ non-respect des procédures spéciales clients
– manque d'échantillons pour le client
– erreur d'adresse sur les bons de livraison
– erreur du choix de l'article dans la base informatique

– erreur de quantité saisie par rapport à la quantité commandée ou inversion des quantités sur les commandes
– erreur de quantité de conditionnement
• Alice donne une copie de la procédure COMMERCIAL / LANCEMENT / SAISIE pour relecture, rappel des tâches et des contrôles à effectuer.
• Sébastien et Régis remarquent toutefois une baisse des anomalies depuis quelques semaines.

POINT N° 3 : MAINTENANCE
– Le scan des codes-barres au niveau de la ligne de production INDIGO ne fonctionne pas. Alice a demandé à Marc de voir ce problème. Marc s'en occupe dès qu'il peut.
– Le rouleau de vernis sur la machine ABG a été changé. Nous ne rencontrons donc plus l'anomalie de vernis repérée sur les références PARIS la semaine dernière.

POINT N° 4 : ÉCHANTILLONS CLIENTS
• Nous avons reçu plusieurs réclamations clients pour cause d'échantillons non reçus.
• Nous rappelons la procédure suivante :
– Pour toute livraison directe chez le client ➡ les échantillons doivent être insérés dans la pochette avec le bon de livraison sur le colis
– Pour toute livraison à une autre adresse ➡ tous les échantillons du client sont regroupés dans une seule et même enveloppe envoyée chaque jeudi
• Les adresses sur ces enveloppes doivent être complètes (demander à Sébastien, Alice ou Régis s'il existe un doute dans l'adresse d'envoi).

FIN DE RÉUNION 15 H 10

---

1. Point 1 de la réunion : On a constaté

❏ **a.** un souci de traçabilité des produits.

❏ **b.** un non-respect de la procédure définie.

❏ **c.** un retard dans le contrôle du matériel.

2. Point 2 de la réunion : Les non-conformités clients

❏ **a.** sont principalement générées au moment du conditionnement.

❏ **b.** ont augmenté depuis l'automatisation de la ligne de conditionnement.

❏ **c.** sont dues à l'introduction d'une nouvelle procédure.

❏ **d.** sont liées à des erreurs sur la matière première.

❏ **e.** se produisent le plus souvent sur les articles envoyés par lots.

❏ **f.** ont été moins nombreuses récemment.

3. Point 3 de la réunion : Tous les dysfonctionnements signalés ont été résolus.

❏ **a.** Vrai.

❏ **b.** Faux.

❏ **c.** On ne sait pas.

4. Point 4 de la réunion : Les échantillons

❏ **a.** doivent être transmis au service logistique.

❏ **b.** mentionnent la composition du produit.

❏ **c.** sont envoyés directement aux clients.

Unité 12 Rendez compte

c C'est bon à savoir

GRAMMAIRE
↘ *Outil ling. n° 3 p. 201*

8 Soyez plus global !

■ Les expressions de quantité

Des entrepreneurs ont communiqué quelques chiffres sur leur activité. Remplacez les quantités chiffrées par des quantités non chiffrées. Aidez-vous des expressions suivantes : *la majorité* ; *un grand nombre* ; *la quasi-totalité* ; *trois quarts* ; *la plupart* ; *la moitié* ; *le tiers* ; *le quart* ; *quelques* ; *très peu*. Modifiez la conjugaison du verbe si besoin. Plusieurs réponses sont parfois possibles.

1. Le taux de retour des produits concerne à peine 1 % des sacs.

....

2. Comme nous, 23 % des entreprises de la région ont sollicité un étalement de leur dette.

....

3. 98 % des consommatrices ont plébiscité ce produit !

....

4. C'est un tel succès que notre chiffre d'affaires devrait être en augmentation de 50 %.

....

5. 65 % de nos clients affirment qu'ils préfèrent acheter sur notre site en ligne.

....

6. Nous réalisons 76 % de notre activité de transport à l'international.

....

7. 33 % des magasins vont être relookés dans les deux ans à venir.

....

VOCABULAIRE
↘ *Retenez p. 197*

9 Rapport d'activités

Dans chaque liste, barrez l'intrus.

1. l'actif – le passif – l'activité

2. emprunter – immobiliser – s'endetter

3. le chiffre d'affaires – le résultat – le capital

4. une créance – une dette – un emprunt

5. une immobilisation corporelle – un terrain – un fonds de commerce

6. une hausse – une baisse – un recul

7. un exercice – une année – une provision

8. le conseil d'administration – les franchisés – les actionnaires

Unité 12 **Rendez compte**

VOCABULAIRE COMMUNICATION

Retenez p. 197

10 Rapport sur les mouvements de personnel

Vous êtes chargé(e) d'écrire un rapport sur les mouvements de personnel dans votre entreprise. Vous disposez des données chiffrées ci-dessous. Complétez le commentaire qui les accompagnera en choisissant les mots qui conviennent ou en écrivant les mots/chiffres d'après le tableau.

Mouvements de personnel	Année 1	Année 2	Année 3	Année 4	Année 5	Variation année 4 et année 5
Embauches CDI administratifs et techniciens	7	6	7	1	0	
Embauches CDI professeurs	10	6	5	8	5	
Total embauches CDI	17	12	12	9	5	– 44 %
Total départs CDI	11	11	16	11	9	– 18 %
dont licenciements	2	0	3	6	3	
dont démissions	1	2	4	2	2	
dont départs en retraite	4	7	3	2	4	
autres départs	4	2	6	1	0	
Solde entrées/sorties de CDI	6	1	– 4	– 2	– 4	

D'après ces chiffres sur les mouvements de personnel, on observe (1) **une progression / une diminution** régulière et très importante (– 44 %) du nombre d' (2) .... Cette (3) **hausse / baisse** est encore plus évidente chez les administratifs et (4) **techniciens / professeurs**. Une lecture attentive des chiffres montre qu'à partir de l'année 3, les embauches en CDI sont devenues (5) **inférieures / supérieures** aux (6) .... , ce qui a généré un solde entrées-sorties (7) **positif / stable / négatif**. Si on examine dans le détail les données concernant les départs, on s'aperçoit que le pic des départs s'établit à (8) .... personnes au cours de l'année (9) .... C'est au cours de cette même année qu'on constate (10) **le plus grand / le plus petit** nombre de démissions, soit (11) .... démissions. En dehors de cette exception, le nombre de démissions est plutôt (12) **stable / dégradé / stagné** à (13) .... par an. L'année (14) .... est celle qui a connu le plus grand nombre de (15) **licenciements / départs en retraite / autres départs**, avec 7 personnes concernées. On peut dire que le nombre de départs en retraite est une donnée qui (16) **recule / varie / s'accentue** énormément d'une année sur l'autre. Quant aux licenciements, ils concernent (17) .... personnes pour l'année 5, soit (18) **une augmentation / une stagnation / une réduction** de moitié par rapport à l'année précédente.

Pour conclure, on peut affirmer qu'entre les années 4 et 5, (19) **la croissance / la stabilité / le recul** des effectifs s'explique essentiellement (20) par **le nombre important des départs / le nombre insuffisant d'embauches**.

Unité 12 — Rendez compte

D Ça peut t'intéresser !

GRAMMAIRE
↘ *Outil ling. n° 5 p. 201*

11 Des annonces attirantes

■ L'adjectif verbal

Complétez les affiches avec l'adjectif verbal qui correspond à un des verbes de la liste : *accueillir, certifier, encadrer, innover, passionner, professionnaliser*. Pensez à accorder l'adjectif avec le nom.

❶  Cette année, la SNCF va recruter 800 conducteurs de trains : un métier .... pour lequel vous suivrez une formation complète de 4, 6 ou 12 mois.

❷ Vous êtes diplômé(e) avec bac + 4 ? Ouvrez-vous les portes du marché de l'emploi grâce à un master de sciences : son approche très spécialisée et .... vous assure près de 100 % de chances d'insertion professionnelle.

❸ Formez-vous aux métiers de plaquiste et peintre avec le GRETA 93.
Recrutement immédiat pour les formations .... :
– Titre professionnel plaquiste isolation intérieure
– Titre professionnel peintre isolation intérieure

❹ Dernières places disponibles :
Master class en droit de la concurrence
Nos atouts : une pédagogie .... , un forum de rencontres et de dialogue unique entre entreprises, avocats et membres de l'Autorité de la concurrence.

❺ ASSOCIATION
Vous avez un projet de création d'entreprise ? L'association « *Elles réussissent* » vous informe et vous accompagne. Venez nous rencontrer le 8 mars dans le cadre .... du Parc du Château du Chenet.

❻ Envie de prendre de nouvelles responsabilités ?
Lidl recrute du personnel .... :
Responsable de magasin et Adjoint Manager de magasin pour plus de 1 000 points de vente en France. Fortes perspectives d'évolution en interne.

Unité 12 | Rendez compte

GRAMMAIRE

↘ *Outil ling.*
n° 4 p. 201

12 Chez le conseiller en formation

■ Le subjonctif et l'indicatif

Choisissez le début de phrase qui convient pour exprimer la certitude, la probabilité ou la possibilité.

1. Je suis persuadé / Je ne crois pas / Je ne suis pas sûr qu'une formation avec FOGE vous donnera toutes les chances de réussir.

2. Il se peut / Il est évident / Il se pourrait qu'avec votre CV en ligne sur www.hanploi.com, vous mettez toutes les chances de votre côté.

3. Il est possible / Il est probable / Il est certain que la taxe d'apprentissage ne permette pas de couvrir les frais de formation de tous les apprentis.

4. Je suppose / Il est évident / Il se pourrait que les métiers de la maintenance informatique soient faits pour vous.

5. Cela m'étonnerait / Il est possible / Nous sommes convaincus que le GRETA pourra vous accompagner dans votre projet de formation.

6. Il est possible / Il est certain / Il n'est pas certain que le bilan de compétences vous redonnera confiance en vous.

COMMUNICATION
GRAMMAIRE

↘ *Outil ling.*
n° 4 p. 201

13 Une formation faite pour toi

■ Le subjonctif et l'indicatif

Un(e) de vos ami(e)s vient d'obtenir un poste de cadre supérieur. Vous travaillez dans un organisme de formation. Sur une feuille à part, vous écrivez un mail à votre ami(e) pour lui conseiller de participer à cette formation. Exprimez la certitude, la probabilité et la possibilité.

LES COMPÉTENCES MANAGÉRIALES

Ce Cycle certifiant est un cursus de 7 jours qui s'adresse en priorité aux managers ayant déjà une expérience en gestion d'équipe et qui souhaitent approfondir et élargir leurs connaissances et leurs pratiques sur ce sujet. Cette formation aborde, entre autres sujets, la construction d'un leadership positif, la gestion des conflits ou encore la motivation des collaborateurs. Cette formation est éligible au titre du Compte Personnel de Formation (CPF).

Durée : 7 jours
Prix : 3 790 euros HT (4 548 € TTC)

Unité 12 — Rendez compte

PHONÉTIQUE 14 Les sons [o] – [ɔ]

Mémo

Il existe en français le [o] (o fermé) et le [ɔ] (o ouvert). Comme son nom l'indique, pour faire un « o ouvert » [ɔ], la bouche doit être très ouverte.

49 Écoutez les énoncés suivants et dites si les mots soulignés contiennent le son [o] comme dans *nos* ou [ɔ] comme dans *téléphone*. Cochez.

	[o]	[ɔ]
1. Le taux de croissance est haut.		
2. Votre comportement est inadmissible.		
3. Jérôme travaille dans l'hôtellerie.		
4. Il s'agit plutôt d'un grand réseau.		
5. Le développement de notre offre est important.		
6. Aujourd'hui, vos clients paient en euros.		

PHONÉTIQUE 15 Les sons [o] – [ɔ]

Répondez aux questions puis vérifiez avec le corrigé.

1. Quand est-ce que l'on prononce [o] ?

....

2. Quand est-ce que l'on prononce [ɔ] ?

....

PHONÉTIQUE 16 Les sons [o] – [ɔ]

Lisez ce message et dites, pour chaque lettre ou groupe de lettres soulignée(s), si elle est/sont prononcée(s) [o] ou [ɔ].

Bonjour Jérôme [...], les paroles [...] de notre [...] patron sont optimistes [...] parce que nos [...] performances [...] financières sont en hausse [...] dans les pays du Golf [...] et qu'aujourd'hui [...] le chiffre d'affaire a augmenté [...] de 100 000 euros [...]. Ces performances [...] financières importantes [...] sont une bonne [...] nouvelle pour notre [...] réseau [...].

Entraînement au DELF PRO B2

Contexte professionnel : Coordonner des projets professionnels. Votre entreprise vous confie des responsabilités. Vous pilotez différents projets. Vous prenez des décisions et en faites part à vos interlocuteurs.

Nature des épreuves : B2	Durée	Note sur
Compréhension de l'oral : Réponse à des questionnaires de compréhension portant sur deux documents enregistrés ayant trait à des situations courantes de la vie professionnelle : exposé, conférence, discours, documentaire, émission de radio ou télévisée (deux écoutes) ; interview, bulletin d'information, etc. (une seule écoute). Durée maximale des documents : 8 minutes.	30 minutes environ	/ 25
Compréhension des écrits : Réponse à des questionnaires de compréhension portant sur deux documents écrits ayant trait à des situations courantes en milieu professionnel : texte à caractère informatif ; texte à caractère argumentatif.	1 heure	/ 25
Production écrite : Prise de position personnelle argumentée (contribution à un débat, lettre formelle, article critique, etc.).	1 heure	/ 25
Épreuve individuelle	**Durée**	**Note sur**
Production et interaction orales : Présentation et défense d'un point de vue, à partir d'un court document déclencheur.	20 minutes Préparation : 30 minutes	/ 25
Seuil de réussite pour l'obtention du diplôme B2 : 50 /100 Note minimale requise par épreuve : 5 / 25	Note totale sur	/ 100

Compréhension de l'oral

Exercice : La quatrième Révolution industrielle

🔘 50 Vous travaillez pour une revue spécialisée. Vous voulez écrire un article sur la 4e Révolution industrielle. Vous écoutez une chronique à la radio.

Écoutez, prenez des notes et répondez aux questions en cochant la bonne réponse ou en écrivant l'information demandée.

1. Le thème de la chronique est la quatrième Révolution industrielle. Quel autre nom est utilisé pour désigner cette révolution ?

....

2. Complétez le tableau avec les informations entendues sur chaque Révolution industrielle.

	Date	Caractéristique
1re Révolution industrielle	*à partir du milieu du 18e siècle*	
2e Révolution industrielle		
3e Révolution industrielle		

3. À part le monde de l'entreprise, qu'est-ce que la quatrième Révolution industrielle touche aussi ?

....

4. Cette quatrième Révolution industrielle permettra de
- ❏ **a.** produire des quantités encore plus importantes.
- ❏ **b.** produire industriellement des objets uniques.
- ❏ **c.** produire uniquement avec des robots.

5. Qu'est-ce qui va changer dans la façon de travailler des salariés ?
- ❏ **a.** Ils vont être beaucoup plus mobiles à travers le monde.
- ❏ **b.** Ils vont subir davantage de pression de leur hiérarchie.
- ❏ **c.** Ils vont travailler plus par projet que par service.

139

Entraînement au DELF PRO B2

6. Quel mot-clé caractérise cette future façon de travailler ?
....

7. Selon la dirigeante de Hewlett Packard, qu'est-ce qui pourrait faire obstacle aux transformations prévues ?
....

8. En quoi le domaine de la santé va-t-il vivre une révolution ?
❏ **a.** Des objets connectés vont permettre une surveillance médicale.
❏ **b.** Les hôpitaux vont progressivement disparaître.
❏ **c.** Des robots vont être affectés à des actes chirurgicaux de précision.

9. Selon les experts,
❏ **a.** 50 % des professions d'aujourd'hui n'existeront plus dans 5 ans.
❏ **b.** La Révolution industrielle va créer 5 millions de nouveaux postes.
❏ **c.** 5 millions d'emplois vont disparaître d'ici 2020.

10. Le journaliste termine sa chronique sur une note
❏ **a.** optimiste.
❏ **b.** sceptique.
❏ **c.** pessimiste.

Compréhension des écrits

Exercice : Management

Vous avez des responsabilités dans une entreprise et vous recherchez des conseils pour améliorer votre manière de manager vos équipes. Vous lisez l'article.
Répondez aux questions en cochant la bonne réponse ou en écrivant l'information demandée.

MANAGEMENT : SE SERVIR DE L'INTELLIGENCE COLLECTIVE AU BUREAU

Oubliez le mythe du patron omniscient qui prend toutes les décisions de la signature d'un contrat à l'international jusqu'au dernier bon de commande pour l'achat des agrafes. Avec la mondialisation, le monde s'est considérablement complexifié. Les chaînes d'approvisionnement impliquent de plus en plus de fournisseurs et de pays et le poids des acteurs financiers s'est accru. Les dirigeants doivent donc apprendre à jongler en permanence avec plusieurs fuseaux horaires et à arbitrer entre le court et le long terme.

En parallèle, les tableaux de bord pour jauger la performance des équipes se sont multipliés, donnant l'illusion aux managers qu'ils contrôlent tout. Or, ce n'est pas le cas. Les salariés oublient parfois les objectifs et adoptent des comportements qui peuvent devenir contre-productifs pour l'entreprise. Ainsi, plusieurs études ont montré qu'ils passent en moyenne entre une heure et demie et trois heures par jour à ne rien faire. Notamment parce qu'ils savent parfaitement déjouer les contrôles mis en place par leur manager mais aussi parce qu'ils sont capables de laisser de côté des tâches qu'ils considèrent comme inutiles ou absurdes.

Face à ces phénomènes, la culture managériale doit s'adapter. L'autorité des dirigeants n'a plus rien d'automatique et repose désormais sur les compétences et la confiance. Aujourd'hui, les grands patrons sont de plus en plus jugés sur leurs réalisations, et non sur leurs discours ou leur parcours scolaire. À l'avenir, le dirigeant moderne devra réussir à impulser une vision stratégique à l'entreprise. Il devra aussi parvenir à fédérer ses équipes et à les responsabiliser. C'est ici que l'intelligence collective entre en jeu. Le concept :

Entraînement au DELF PRO B2

considérer que chaque employé doit apporter sa pierre à l'édifice de l'entreprise, avec ses idées et son énergie. Il s'agit de s'inspirer d'organisations comme Wikipédia qui, grâce à la collaboration de milliers d'auteurs bénévoles, est parvenue à établir une encyclopédie en ligne d'une grande fiabilité. Plusieurs grands groupes ont déjà pris ce virage.

L'intelligence collective ne doit cependant pas être une fin en soi. Elle doit permettre de trouver rapidement les meilleures solutions en s'appuyant sur l'ensemble des talents du groupe. Mais, avant de mobiliser les troupes, encore faut-il que le dirigeant leur donne envie de le suivre dans cette démarche en fixant un objectif clair, au service d'une stratégie partagée par tous.

Ensuite, il faut faire en sorte que chaque salarié participe à l'élaboration d'un projet commun ou tout du moins se sente impliqué dans le processus de décision. Il convient alors de libérer la parole en entendant le point de vue de chacun. Par exemple, tout le monde a le droit d'avoir une bonne idée sur le marketing, y compris en dehors du service marketing. Et si des propositions ne sont pas retenues, les managers doivent expliquer pourquoi. On peut également s'attendre à une divergence des points de vue sur un sujet mais cela n'est pas une mauvaise chose en soi. Au contraire, cette divergence des points de vue peut être encouragée quand elle s'accompagne de propositions alternatives pour améliorer la situation ou résoudre un problème.

Dernier point : le droit à l'erreur. Il n'est pas reconnu partout. Pourtant, la prise de risque personnelle doit être valorisée. L'entreprise doit tester de nouvelles idées et apprendre de ses erreurs. Le rôle du manager n'est pas d'imposer un « risque zéro » illusoire mais de s'assurer que l'on comprenne ce qui n'a pas fonctionné sur un projet et d'en tirer des leçons pour l'avenir.

1. À quelles difficultés doivent faire face les managers actuels ? *(2 réponses)*

....

2. Aujourd'hui un manager doit être capable de
❏ **a.** trouver de bons investissements financiers.
❏ **b.** prendre les décisions importantes tout seul.
❏ **c.** agir avec des interlocuteurs du monde entier.

3. Quels sont les comportements contre-productifs que peuvent avoir les salariés ? *(2 réponses)*

....

4. Vrai ou faux ? Cochez (✘) la bonne réponse et recopiez la phrase ou la partie de la phrase qui justifie votre réponse.

On reconnaît la valeur d'un manager à ses diplômes. Vrai ❏ Faux ❏

Justification : ....

5. Quel est le principe de base de l'intelligence collective ?

....

6. Vrai ou faux ? Cochez (✘) la bonne réponse et recopiez la phrase ou la partie de la phrase qui justifie votre réponse.

a. L'intelligence collective est un objectif à atteindre. Vrai ❏ Faux ❏

Justification : ....

b. Vos équipes adhèreront à votre manière de faire à condition vous soyez précis sur ce qui est attendu. Vrai ❏ Faux ❏

Justification : ....

Entraînement au DELF PRO B2

7. Sur quelles idées se fonde l'intelligence collective ? *(2 réponses)*
- ❏ **a.** Tout le monde peut se tromper.
- ❏ **b.** Tous les risques doivent être identifiés.
- ❏ **c.** Chaque problème doit être discuté par tous.
- ❏ **d.** Chacun peut faire des propositions constructives.
- ❏ **e.** Toutes les tâches sont effectuées en collaboration.
- ❏ **f.** Toute décision fait l'objet d'une assemblée générale.

Production écrite

Exercice : Prise de position personnelle argumentée

Votre service/entreprise rencontre des difficultés et la direction a fait faire un audit. Vous avez assisté à une première réunion de bilan d'audit avec les consultants.
Rédigez le compte rendu de cette réunion que vous transmettrez à votre direction. Présentez clairement les points satisfaisants et les points de dysfonctionnements. Dites quelles solutions sont préconisées par les consultants et donnez votre avis sur celles-ci. Écrivez un texte de 250 mots minimum sur une feuille à part.

Production et interaction orales

Lisez le document suivant. Vous dégagerez le problème soulevé. Vous présenterez votre opinion sur le sujet de manière claire et argumentée et vous la défendrez au cours du débat avec l'examinateur.

La formation en alternance : facteur de lutte contre le chômage des jeunes et gage de cohésion sociale

Tous les acteurs, les politiques, les entrepreneurs, les syndicats, les chercheurs considèrent aujourd'hui la formation en alternance comme un instrument d'intégration sociale et un outil favorisant l'employabilité des jeunes. De nombreux pays accordent aujourd'hui une importance particulière dans leurs politiques publiques à la formation en alternance pour au moins deux raisons : d'une part, la formation alternée théorie/pratique offrirait aux jeunes une réelle protection contre le chômage et l'exclusion et, d'autre part, c'est l'une des voies permettant de doter l'industrie de compétences adaptées à ses besoins. Certains observateurs affirment que l'un des ressorts de la dynamique de la compétitivité de l'économie allemande est à rechercher dans sa politique « d'interaction créatrice » entre le système éducatif et l'industrie. Les jeunes sont de plus en plus attirés par ce type de filières alliant le savoir acquis en milieu scolaire / universitaire et la pratique d'entreprise en vue de se forger un modèle mental du monde réel et d'acquérir des atouts favorisant leur insertion professionnelle. Les entreprises portent un intérêt évident à ce type de formation car c'est un moyen pour elles de repérer, voire de recruter, leurs futurs cadres et employés.

CORRIGÉS ET TRANSCRIPTIONS

CORRIGÉS ET TRANSCRIPTIONS

Unité 1 — p. 4-14

1. Premier jour de stage : **1.** Sois / Soyez – **2.** Présente-toi / Présentez-vous – **3.** Prends / Prenez – **4.** Fais / Faites – **5.** Retiens / Retenez – **6.** Ne tutoie pas / Ne tutoyez pas – **7.** Ne t'assois pas / Ne vous asseyez pas – **8.** Ne réponds pas / Ne répondez pas – **9.** Lis / Lisez – **10.** Va / Allez – **11.** Rappelle-toi / Rappelez-vous – **12.** Finis / Finissez – **13.** N'aie pas / N'ayez pas – **14.** Ne pars pas / Ne partez pas – **15.** Détends-toi / Détendez-vous

2. Nouvelle fonction : 1 b – 2 g – 3 k – 4 j – 5 i – 6 d – 7 a – 8 e – 9 h – 10 c – 11 f

3. Une offre de stage : **1.** secteur d'activité – **2.** durée – **3.** rémunération – **4.** contrat – **5.** développe – **6.** missions – **7.** analyser – **8.** concevoir – **9.** actualiser – **10.** profil – **11.** recherche – **12.** motivés – **13.** spécialisation – **14.** passionné

4. Coup de main : **A. 1.** suis – **2.** ai – **3.** travaille – **4.** cherche – **5.** parle – **6.** connais – **7.** fais – **8.** vais – **9.** pars – **10.** peut – **11.** veux – **12.** reviens – **13.** dois
a. 5 – b. 3 ; 4 – c. 2 ; 7 ; 8 – d. 9 ; 10 ; 12 ; 13 – e. 1 – f. 6 ; 11
B. 1. On ne sait pas – **2.** Vrai – **3.** Vrai – **4.** Faux – **5.** Faux – **6.** Vrai – **7.** Faux – **8.** On ne sait pas – **9.** On ne sait pas – **10.** Vrai

5. Non, pas maintenant : **1.** nous sommes en train de mettre au point les équipements de sécurité mais ensuite nous allons assister à la réunion – **2.** je suis en train de rédiger la notice d'utilisation mais après je vais contrôler les procédures – **3.** elle est en train de vérifier l'agenda et après elle va prendre un rendez-vous avec nos partenaires – **4.** je suis en train d'étudier le problème et après je vais réparer la machine en panne – **5.** il est en train de faire la visite des ateliers mais après il va rencontrer le responsable qualité

6. Tout va bien ! : 1 d – 2 b – 3 a – 4 e – 5 c

7. Que d'événements ! : **A. 1.** il a lu ; il a postulé ; il a reçu ; il s'est rendu ; ça s'est mal passé ; il n'a pas réussi ; il n'a pas obtenu – **2.** je suis passé(e) ; nous sommes allés ; nous avons accueilli ; j'ai offert ; j'ai ouvert ; nous sommes montés ; nous avons parcouru ; nous sommes arrivés ; nous sommes entrés ; nous nous sommes installés ; s'est bien déroulée – **3.** ils sont allés ; ils ont négocié ; ils ont beaucoup négocié ; le client a réfléchi longtemps ; ils ont malheureusement perdu ; ils sont vite retournés ; ils ont prévu ; ils ont pu ; ils ont bien défendu ; ils ont cru ; l'offre n'a pas plu
B. *Réponse libre.*

8. Possessions : **1.** le sien – **2.** les siens – **3.** les vôtres – **4.** le sien – **5.** le mien – **6.** le tien – **7.** les leurs – **8.** les nôtres – **9.** le vôtre – **10.** la leur ; la nôtre

9. Devinettes : **1.** mes congés – **2.** le service / notre bureau – **3.** des questions – **4.** les dossiers – **5.** ton compte rendu / ton rapport

10. Un peu d'histoire : **A. 1.** s'occupaient – **2.** déplaçaient – **3.** chargeaient – **4.** avait – **5.** mettait – **6.** se faisaient – **7.** ne pouvait pas – **8.** tourniez – **9.** rencontriez – **10.** transportaient – **11.** oubliiez – **12.** pouviez – **13.** fallait – **14.** choisissaient – **15.** se mettaient – **16.** prenaient – **17.** déménageait – **18.** voyait – **19.** travaillaient – **20.** faisaient – **21.** réussissaient – **22.** payaient – **23.** ne trouvaient pas – **24.** appréciiez
B. 1. Les déménagements se faisaient d'avril à juillet. – **2.** Et quand vous oubliiez de regarder pour traverser une rue, vous pouviez vous faire renverser par une voiture. Il fallait faire très attention. – **5.** Vous ne trouviez pas facilement de déménageurs.

11. Va-et-vient : **1.** Je viens visiter l'usine avec vous. (présent) – **2.** Il vient de faire le tour des services avec la DRH. (passé récent) – **3.** Elle vient passer un entretien d'embauche à 15 h. (présent) – **4.** Nous venons de recevoir un appel d'offre de nos fournisseurs. (passé récent) – **5.** Vous venez de réserver des billets d'avion pour partir au Brésil. (passé récent) – **6.** Elle était en mission et elle vient de rentrer. (passé récent) – **7.** Ils viennent de faire connaissance et elle trouve son collègue sympathique. (passé récent) – **8.** L'assistante vient d'apporter de la documentation au directeur. (passé récent)

12. Des phrases à éviter : 1 b – 2 a – 3 h – 4 g – 5 d – 6 e – 7 f – 8 c

13. Encore des conseils : **A. et B.** Il faut inviter votre collègue à déjeuner / à prendre un café. – Il est nécessaire d'intégrer un nouveau collègue dans l'équipe. – C'est bien de parler avec lui. – Il faut s'occuper du collègue. – C'est important de ne pas laisser seul le collègue. – Il est nécessaire de communiquer avec votre collègue…

14. Avec des si… : **1.** Si vous arrivez en retard au bureau, prévenez votre chef. – **2.** Si une collègue ne t'adresse pas la parole, organise / tu peux organiser un déjeuner avec lui / elle. – **3.** Si vous ne savez pas comment vous habiller, observez / vous pouvez observer vos collègues. – **4.** Si vous écrivez un courriel à votre chef, faites attention aux fautes d'orthographe. – **5.** Si tu as trop de travail, ne te plains pas. – **6.** Si elle veut personnaliser son bureau, elle peut mettre un cadre. – **7.** Si tu dois confirmer un rendez-vous, envoie / tu peux envoyer un SMS. – **8.** Si vous êtes fatigué(e), prenez / vous pouvez prendre une pause.

15. Que d'objets ! : Fournitures de bureau : un répertoire, une souris, une pochette, un bloc notes, une agrafeuse, un calendrier, un cahier, une étiquette – Objets fétiches / personnels : une plante, une bouilloire, une tasse à café

16. L'intonation : La voix monte progressivement : 2 ; 5 – La voix monte et redescend : 1 ; 3 ; 4 ; 6

17. L'intonation : **1.** La voix monte et redescend / La voix monte progressivement / La voix monte et redescend – **2.** La voix monte progressivement / La voix monte et redescend / La voix monte et redescend – **3.** La voix monte et redescend / La voix monte progressivement / La voix monte et redescend

18. /ien/ et /ienne/ : **1.** Elle prend les siens. / Elle prend les siennes. – **2.** Utilisons la tienne ! / Utilisons le tien ! – **3.** Il vous donne la mienne. / Il vous donne le mien. – **4.** Contactez le sien ! / Contactez la sienne ! – **5.** Préparez la mienne ! / Préparez le mien ! – **6.** Ils ont les siens. / Ils ont les siennes.

Unité 2 — p. 15-23

1. Un beau cadeau ! : **1.** pèse – **2.** écran – **3.** affichage – **4.** pages – **5.** logiciel – **6.** autonomie – **7.** batterie – **8.** brancher – **9.** recharger – **10.** télécharger – **11.** connexion – **12.** capacité – **13.** stocker

CORRIGÉS ET TRANSCRIPTIONS

2. Pros de l'informatique ! : Ordinateur portable : 2 – Clavier : 6 – Housse Victoria : 1 – Imprimante : 5 – Souris : 3 – Disque dur : 4

3. Avis de consommateurs : 1. en / le – **2.** y / le – **3.** en / les – **4.** la / y / l' / en

4. Livraison de fournitures : a 5 – b 6 – c 7 – d 2 – e 8 – f 3 – g 1 – h 4

5. Service ++ : 1. passagers – **2.** vols – **3.** classe – **4.** terminal – **5.** enregistrement – **6.** contrôles – **7.** embarquement – **8.** atterrissage – **9.** avion – **10.** bagages – **11.** transfert – **12.** personnel

6. Le bon choix : *Propositions de corrigé :* **1.** qui propose les produits les meilleurs – **2.** qui respecte le plus les dates de livraison – **3.** qui a les tarifs les moins élevés – **4.** qui a la plus grande capacité d'innovation – **5.** qui cherche le plus à améliorer les solutions actuelles – **6.** qui a le meilleur service après-vente – **7.** qui réagit le plus vite en cas de problèmes – **8.** qui a les employés les plus compétents – **9.** qui gère le mieux le suivi de ses clients

7. Quelle différence ? : Vols charters : à un moment déterminé comme les vacances – vols directs – pendant les vacances scolaires, leurs tarifs restent élevés ; le prix du billet est généralement fixe ; parfois promotions – on ne connaît les horaires qu'une semaine à 10 jours avant le départ
Vols réguliers : toute l'année – partout dans le monde ; trois types de vols : vols courts, vols moyen-courriers et vols long-courriers – une classe « économique » avec différents tarifs ; le prix du siège augmente petit à petit – sièges sont attribués à la réservation ; les vols sont proposés à heures fixes
Vols low costs : toute l'année – on ne peut pas aller partout avec les low costs ; ce sont des courts ou moyens courriers, trois heures de vol maximum – ils proposent les prix les plus bas ; toutes les prestations sont payantes ; utilisent des aéroports secondaires ; les sièges ne sont pas réservés

8. Un bon poste : 1. lancement – **2.** produit / service – **3.** produit / service – **4.** attentes – **5.** offre – **6.** concurrence – **7.** étude de marché – **8.** questionnaires – **9.** cible – **10.** données – **11.** stratégie

9. Ma petite entreprise : 1. étais – **2.** vendait – **3.** ai décidé – **4.** habitais – **5.** avais – **6.** devais – **7.** ont parlé – **8.** ai pris – **9.** me suis rendu – **10.** ai trouvé – **11.** semblait – **12.** suis rentré – **13.** me suis inscrit – **14.** ai réalisé – **15.** ai commencé – **16.** ai gardé – **17.** chargeais – **18.** allais – **19.** ai commencé – **20.** connaissaient – **21.** était – **22.** proposais – **23.** s'est développée – **24.** ai découvert

10. Une logistique écolo : 1. toute – **2.** toutes – **3.** toutes – **4.** tous

11. C'est cool ! : 1. Ma société / Mon entreprise va fermer !! Il va falloir que je cherche un autre travail. – **2.** Si tu as des informations sur le contrat avec Berlin. Dis-le moi. – **3.** Coucou, j'ai trop de travail ce soir. Je n'irai pas au restaurant avec tes amis. À demain. – **4.** On va travailler avec Frédéric et Anaïs. Je suis très content parce que ce sont des professionnels. – **5.** Salut ! J'ai quelque chose à te dire. Tu peux m'appeler ?

12. Partenariats en vue : vas assister / assisteras – vont expliquer / expliqueront – vas te rendre / te rendras – va venir / viendra – va vous proposer / vous proposera – va y avoir / y aura – vas pouvoir / pourras découvrir / va se diviser / se divisera – vas avoir / auras – vont planifier / planifieront – vais m'occuper / m'occuperai – ça va être / ce sera – va faire / fera

13. Coach voyage : *Réponse libre.*

14. C'est un succès : 1. une bonne nouvelle – **2.** les premiers résultats – **3.** les derniers chiffres – **4.** la petite équipe – **5.** de publicité efficace – **6.** notre nouvelle marque – **7.** des produits originaux – **8.** des collections amusantes – **9.** de jolis tissus – **10.** des matières agréables – **11.** des modèles pratiques – **12.** des prix abordables – **13.** jeudi prochain

15. [e] / [ɛ] : [e] : **2.** déménager – **4.** précision – **6.** journée – **7.** vous pouvez
[ɛ] : **1.** objet – **3.** souhait – **5.** recette – **8.** ils téléphonaient

16. [e] / [ɛ] : 1. bossais [ɛ] / très [ɛ] – **2.** est [ɛ] / décidé [e] [e] / monter [e] / projet [ɛ] / et [e] / société [e] [e] – **3.** ai [e] / ouvert [ɛ] / commerce [ɛ] / pittoresque [ɛ] – **4.** avez [e] / fait [ɛ] / des [e] / recherches [ɛ] / Internet [ɛ] – **5.** êtes [ɛ] / chargée [e] / les [e] / services [ɛ]

17. [e] / [ɛ] : 1. Notre hôtel [ɛ] est [ɛ] situé [e] à la périphérie [e] [e]. – **2.** Ils ont décidé [e] [e] de changer [e] de vie. – **3.** Je fais [ɛ] ce métier [e] [e] depuis 15 ans. – **4.** Ma femme voudrait [ɛ] aussi des cours de cuisine.

DELF pro A2   p. 24-26

Compréhension de l'oral

Exercice 1 :

> **Transcription**
> Bonjour. Je serai absent toute la semaine. Je dois aller voir nos réceptifs en Argentine. Il y a un problème avec eux. La réunion d'agence de mardi à 9 h est donc annulée. La société Sanodou a demandé un devis pour un voyage au Portugal d'un groupe d'environ 30 personnes. Il faudrait téléphoner dès lundi matin pour avoir plus de détails sur leur projet. Ils attendent notre proposition pour jeudi matin. Pouvez-vous vous en occuper ? Mercredi à 16 h, vous aurez la visite de la société Infox pour mettre à jour la page d'accueil de notre site. Vous leur expliquerez les modifications qu'on souhaite. Vendredi à 11 h, un commercial de Crusex croisière viendra présenter les nouvelles destinations. Merci de le recevoir. Vous pouvez toujours m'appeler en cas de besoin. Merci et à bientôt.

Lundi : 9 h Téléphoner société Sanodou – Mardi : 9 h (supprimer réunion) – Mercredi : 16 h Infox expliquer les modifications souhaitées – Jeudi : 8 h Envoyer devis société Sanodou – Vendredi : 11 h Crusex Présentation des nouvelles destinations

Exercice 2 :

> **Transcription**
> Bon alors je te donne quelques infos. Pour commencer, dans le service, on s'appelle tous par notre prénom et on se tutoie. Sauf le directeur qu'on vouvoie. Autre chose, si tu as un problème avec la connexion Internet ou un logiciel, n'hésite pas à appeler le service de la maintenance. N'oublie pas non plus de faire une liste du matériel ou des fournitures de bureau qui te manquent. Si tu reprends

CORRIGÉS ET TRANSCRIPTIONS

des dossiers en cours, renseigne-toi pour savoir quelles sont les choses les plus urgentes. Autre chose, pour le photocopieur, il faut demander ton code à notre assistante. En général, on a l'habitude de déjeuner ensemble vers 13 h au resto de d'entreprise mais il y a toujours une personne qui reste présente dans le service. Si tu as besoin de t'absenter, rédige une réponse automatique d'absence pour ta boîte mail avec le nom d'un collègue à contacter. Il est nécessaire aussi de faire transférer tes appels sur le poste d'une personne du service. Voilà, je crois que c'est tout. J'oubliais, on a une réunion de service tous les jeudis.

a. 6 – b. 2 – c. 4 – d. 3 – e. 5 – f. 1

Compréhension des écrits

Exercice 1 : a – d

Exercice 2 : b – c – g

Exercice 3 : 1. a. Faux : « Le ou la responsable qualité, sécurité et environnement (QSE) conçoit, définit, négocie avec la direction générale la politique qualité. » – **b.** Vrai : « Il ou elle contribue au développement de nouveaux marchés. » – **2.** Procédures de l'entreprise, de la sécurité et de la santé au travail. – **3.** Les clients, les fournisseurs, les prestataires de service et les sous-traitants. – **4.** c – **5.** b

Unité 3   p. 27-37

1. Question d'organisation : A. 1. préférerais – **2.** conviendrait – **3.** pourriez – **4.** souhaiterais – **5.** ennuierait – **6.** voudrais
a. devrais – **b.** servirais – **c.** serait – **d.** pourrions – **e.** voudrais – **f.** aimerais
B. une demande polie : 3 ; 5 – une suggestion : a ; b ; c ; d ; e – un souhait : 4 ; 6 – une préférence : 1 ; 2 ; f
C. 1 e – 2 c – 3 d – 4 a – 5 b – 6 f

2. Paroles de consommateurs : A. 1. parce que ; parce que / car – **2.** Comme – **3.** puisque – **4.** grâce à – **5.** à cause du – **6.** Comme – **7.** puisque
B. Vrai : 1 ; 3 – Faux : 2 ; 4 ; 5

3. Quelqu'un ou quelque chose ? : 1. quelque chose / n'ai rien – **2.** quelqu'un / personne n'est disponible – **3.** n'avez rien / j'ai trouvé quelque chose – **4.** quelque chose / n'ai rien – **5.** quelqu'un / ne connaissons personne – **6.** quelque chose / n'ai besoin de rien – **7.** Rien / quelqu'un

4. Une idée révolutionnaire : 1. Quelqu'un – **2.** quelque chose – **3.** ne risquez rien – **4.** Personne ne

5. Mots croisés : 1. agenda – **2.** gain – **3.** tâche – **4.** créneau – **5.** fichier – **6.** imprévu – **7.** bureau

6. Avec des si... : 1 d changeait / travaillerais – 2 a faisait / augmenterait – 3 e prenais / gagnerais – 4 b organisions / aurions – 5 c finissiez / pourriez

7. À chacun sa tâche : 1 c Si j'étais responsable export, je prospecterais des marchés à l'étranger. – 2 b Si j'étais responsable des achats, je rechercherais des fournisseurs. – 3 e Si j'étais responsable financier, je gérerais le budget de l'entreprise. – 4 d Si j'étais responsable des ressources humaines, je m'occuperais du recrutement et de la formation des salariés. – 5 a Si j'étais responsable QSE, je serais en charge de la sécurité du personnel.

8. Épuisement professionnel : A. 2 ; 3 ; 4 – **B.** *Proposition de corrigé :* Si j'étais toi, je ferais du sport / je m'accorderais du temps libre / je verrais un médecin / je demanderais un entretien avec le/la DRH / je parlerais avec un(e) ami(e) / je prendrais un congé / j'apprendrais la méditation / je sortirais avec des amis / je changerais de poste…

9. Un patron inquiet : (1) Il me dit qu'il doit préparer son rendez-vous avec M. Foirat (2) et qu'il a besoin d'informations. (3) Il me demande si nous avons bien reçu leur charte qualité, (4) ce que nous utilisons comme matières premières (5) et quand nous pouvons leur livrer les échantillons. (6) Il dit qu'il viendra nous voir jeudi avec sa responsable commerciale. (7) Il me demande de prévenir notre chef de production (8) et de lui dire qu'ils seront là vers 10 heures.

10. La photographie, ma passion : A. 1 b – 2 c – 3 b
B. La photographe raconte qu'elle a d'abord été enseignante. Elle ajoute qu'au bout de 17 ans, elle s'est lancée dans la photo et qu'elle a fait des stages pratiques puis qu'elle a rejoint un club de photos. Le journaliste veut savoir comment la passion de la photo est venue. La photographe explique qu'elle avait un intérêt pour tous les arts. Elle raconte qu'elle a pris des cours de dessin. Elle dit que la peinture a toujours fait partie de sa vie. Elle précise que sa mère était peintre et qu'elle je faisais des photos pour son plaisir. Le journaliste demande ce que les voyages lui ont apporté dans son métier. La photographe raconte qu'au début, elle réalisait des photos en noir et blanc. Elle indique que, grâce à ses voyages en Asie et à sa découverte de l'Inde, elle a changé et qu'elle est devenue une photographe coloriste.

11. Une réunion bien organisée : 1. Quand a lieu la réunion ? – **2.** Est-ce que la salle est réservée ? – **3.** Combien il y aura de participants ? – **4.** Envoyez un mail de convocation. – **5.** Quel sera l'ordre du jour ? – **6.** Je serai absent. – **7.** Qui rédigera le compte rendu ? – **8.** Qu'est-ce que contiendra le compte rendu ?

12. Que de raisons ! : 1. il était arrivé en retard – **2.** il avait critiqué son chef – **3.** il n'avait pas atteint les objectifs – **4.** il avait posé des questions stupides – **5.** il avait répondu à un appel sur son portable – **6.** il avait exigé une grosse augmentation – **7.** il avait menti sur ses résultats – **8.** il était parti en claquant la porte.

13. Échanges : Annoncer l'ordre du jour : 5 – donner la parole : 3 ; 7 – prendre la parole : 2 ; 4 ; 6 ; 8 – poser une question : 10 – garder la parole : 6 ; 9 – conclure : 1

14. Les bons usages : Vrai : 2 ; 3 ; 4 ; 6 – Faux : 1 ; 5 ; 7 ; 8 ; 9 ; 10

15. Les groupes rythmiques : *Il peut y avoir plusieurs possibilités.* **1.** On propose / à nos clients / un service / ouvert 24 heures sur 24 / mais on n'est pas assez nombreux / dans le service. – **2.** Et si tu constituais des équipes / avec des gens / qui travailleraient le jour / et des gens qui travailleraient la nuit ? – **3.** Parfois, / des clients appellent tôt le matin / mais ils tombent sur le répondeur / parce que personne n'arrive à l'heure au bureau. – **4.** Ensuite, / quand un collaborateur est absent, / personne ne le remplace / à cause de notre problème d'effectif. – **5.** Les clients / ne sont pas contents / parce que leurs dossiers / ne sont pas traités / et ils donnent de mauvais avis / sur les réseaux sociaux. – **6.** Je vous

CORRIGÉS ET TRANSCRIPTIONS

rappelle / que nous sommes réunis / pour parler de l'expatriation / de notre personnel.

16. Les liaisons/enchaînements vocaliques/enchaînements consonantiques : **1.** peu*x* / dizain*e* / monture*s* – **2.** frai*s* / enfan*ts* / payé*s* – **3.** Parfai*t* / Vou*s* – **4.** absen*t* / fau*t* / importan*t*

17. Les liaisons/enchaînements vocaliques/enchaînements consonantiques : *Voir cahier p. 37.*

Unité 4   p. 38-46

1. Parlez-nous de votre véhicule de fonction ! : Depuis combien de temps possédez-vous votre véhicule de fonction / un GPS ? Depuis combien de temps utilisez-vous votre véhicule de fonction / un GPS ? Combien de kilomètres effectuez-vous chaque année / pour vos déplacements personnels ? Pour quels trajets utilisez-vous votre véhicule de fonction / un GPS ? Pour quels trajets souhaitez-vous un GPS ? Quelles options possédez-vous / souhaitez-vous sur votre véhicule de fonction ? À quelle fréquence utilisez-vous votre véhicule de fonction / un GPS ? Votre véhicule de fonction possède-t-il un GPS / 2 ou 4 portes ? Votre véhicule de fonction roule-t-il à l'essence ou au diesel ?

2. Prochain conseil d'administration : Bonjour, En septembre, la réunion du conseil d'administration aura-t-elle lieu le premier lundi du mois (comme d'habitude) ? À cause des travaux, nous devrons vous changer de salle. Où préférez-vous vous réunir ? Voudrez-vous des plateaux repas ? Combien en souhaiterez-vous ? La veille, la Présidente logera-t-elle dans le studio du 6ᵉ ? Merci d'avance de votre réponse. Bien cordialement, Alice

3. Un problème de synchronisation : 1. sauvegarde – **2.** sécurité – **3.** connexion – **4.** périphérique

4. Un nouveau bien traité : 1. Notre entreprise propose à ses salariés de nombreux avantages dont vous pourrez bénéficier. – **2.** La salle de repos dont les salariés disposent est très agréable. – **3.** N'hésitez pas à m'indiquer le matériel dont vous aurez besoin ! – **4.** Vous pouvez faire confiance à votre assistante dont les compétences sont incontestables. – **5.** Voici le dernier né de notre gamme FLORA dont nous sommes très fiers ! – **6.** Pour ce produit, nous sommes en train de monter une campagne de publicité dont nous parlerons mercredi en réunion.

5. Un bon vendeur ! : *Propositions de corrigé :* **1.** Je vous assure que c'est un matériel dont vous serez entièrement satisfait / vous pourrez profiter en de nombreuses occasions / vous ne pourrez plus vous passer. – **2.** Il nous est fourni par un créateur dont de nombreuses revues vantent le talent / vous avez certainement entendu parler. – **3.** De plus, nous vous offrons des conditions de paiement dont vous pouvez profiter pendant un mois seulement / seuls nos meilleurs clients peuvent bénéficier.

6. Un encart publicitaire : A. Il / Elle cherche à convaincre : 2 ; 8 – Il / Elle formule une réticence, une objection : 1 ; 3 ; 5 – Il / Elle répond à une objection : 6 ; 7 – Il / Elle reporte une décision : 4

B. Télé-conseiller : Je vous appelle pour vous proposer de faire paraître un encart publicitaire dans notre revue. – Prospect : phrase 1 – Télé-conseiller : phrase 7 – Prospect : phrase 4 – Télé-conseiller : phrase 6

7. Une cliente à convaincre absolument : *Production libre.*

8. Au sujet de votre commande : Voix active : 1 ; 4 ; 6 ; 9 – Voix passive : 2 ; 3 ; 5 ; 7 ; 8 ; 10

9. Installations pour les salariés : 1. sont aérés – **2.** sont dotés – **3.** sont munies – **4.** est distribuée – **5.** sont mis à disposition – **6.** sont entretenus et sont changés – **7.** est limitée – **8.** est équipé – **9.** est pourvu

10. Annulation de commande : 1. commandé – **2.** envoyé – **3.** déposer – **4.** rembourser – **5.** rétractation – **6.** livraison – **7.** réception – **8.** recevoir – **9.** annulée – **10.** produit – **11.** emballage – **12.** mail de confirmation – **13.** emballée – **14.** annulation – **15.** remboursement – **16.** retourner – **17.** prix – **18.** frais de livraison – **19.** passée – **20.** expédiée

11. Nouveau travail : 1. soyez accueillante – **2.** restiez – **3.** vous adaptiez – **4.** déballiez – **5.** remplissiez – **6.** puissent – **7.** te fasses – **8.** ayons – **9.** sachions – **10.** viennes – **11.** prennes

12. Une équipe surprenante : 1. calmement – **2.** franchement – **3.** timidement – **4.** activement – **5.** généreusement – **6.** poliment – **7.** fréquemment

13. Une sélection bien cachée : Horizontalement : étiquette ; échantillon ; analyser ; supermarché – **Verticalement :** rayon ; attirer ; étagère ; tester ; référence ; consommatrice ; emballage ; gamme – **En diagonale :** comparer ; message ; marque

14. Les nasales [ã] / [õ] / [ɛ̃] : 1. Ment 3 / Mon 1 / Main 2 – **2.** Rang 1 / Rond 2 / Rein 3 – **3.** Cent 2 / Son 3 / Saint 1 – **4.** Lent 1 / Long 2 / Lin 3

15. Les nasales [ã] / [õ] / [ɛ̃] : *Voir cahier p. 46.*

16. Les nasales [ã] / [õ] / [ɛ̃] : 1. Il est important de noter les références de chaque produit. – **2.** Le remboursement de cette marchandise se fera demain. – **3.** Il faut que l'emballage ait un impact sur le consommateur. – **4.** Nous pouvons les transporter facilement en utilisant un bouchon. – **5.** Cette compagnie propose des échantillons à ses clients.

DELF pro B1   p. 47-49

Compréhension de l'oral
Exercice :

Transcription

Je te donne la procédure à suivre. Quand le client passe sa commande, on reçoit un courriel où figurent la date et le numéro de la commande, le numéro de client, la référence du produit commandé et la quantité. Nous devons être très réactifs car nous devons lancer la production immédiatement pour respecter nos délais de livraison de 24 h. Le service production reçoit un double du mail et lance immédiatement la production. Quand les cartes sont

CORRIGÉS ET TRANSCRIPTIONS

prêtes, tu dois vérifier qu'elles sont bien conformes à la commande et que toutes les informations sont exactes et ne contiennent pas de faute. Tu vérifies aussi la quantité. Si tout est bon, tu peux emballer les cartes dans une boîte d'expédition. Et surtout, n'oublie pas le bon de livraison qui doit toujours être bien placé dans la boîte sur le produit. Enfin, sur notre logiciel de suivi qualité, tu coches la case « production finalisée pour envoi » et tu tapes ton nom sur la fiche. Le client va recevoir automatiquement un message du service de livraison qui l'informe que ses cartes de visite sont prêtes. Il va ensuite pouvoir suivre en temps réel la livraison grâce au site Internet de notre transporteur Sitôt chez vous. Voilà, je crois que c'est tout. Tu as des questions ?

1. c ; f – **2.** c – **3.** a – **4.** « production finalisée pour envoi » – **5.** Le préparateur tape son nom sur la fiche de suivi qualité. – **6.** b

Compréhension des écrits

Exercice : 1. TS Distribution : Oui : pour tout – Vetdesign : Oui : moyen de paiement ; Non : tout le reste – Sprintshirt : Oui : Délai de livraison ; frais de livraison inclus ; moyen de paiement ; Non : prix ferme et définitif ; prix des articles **2.** TS Distribution

Unité 5   p. 50-59

1. Projet d'expatriation : 1. J'aimerais partir à l'étranger. – **2.** Je voudrais que nous puissions changer de vie. – **3.** Ma société veut ouvrir une filiale en Amérique du sud. – **4.** Mon chef voudrait que j'obtienne le poste de directeur. – **5.** Mais je veux que les conditions soient intéressantes pour partir. – **6.** Ma femme et moi avons envie que nos enfants connaissent d'autres cultures. – **7.** Nous désirons aussi qu'ils apprennent les langues étrangères. – **8.** J'espère qu'on retiendra ma candidature. – **9.** Maintenant, je souhaite que ma demande aboutisse rapidement. – **10.** Si nous allons au Brésil, nous souhaiterions organiser une grande fête avant notre départ.

2. Retour en France : A. 1. ça fait – **2.** il y a – **3.** en – **4.** depuis – **5.** dans – **6.** dans – **7.** depuis – **8.** en
B. 1 – 2 – 4

3. Une jeune étrangère à la maison : 1. décidé – **2.** choisi – **3.** eu – **4.** trouvé – **5.** donné – **6.** accueillie – **7.** échangés – **8.** permis – **9.** vus – **10.** reconnus – **11.** arrivée – **12.** sentie – **13.** repeinte – **14.** meublée – **15.** préparés – **16.** aimé – **17.** faites – **18.** arrivée – **19.** mis – **20.** apportés – **21.** vécue

4. Prêt à partir ! : 1. Il faut vérifier ton passeport pour que / afin que / de manière à ce que / de façon à ce que tu n'aies pas de problème à la douane / pour ne pas avoir de problème à la douane – **2.** Pense à noter le numéro de ta carte de crédit pour / afin de / de manière à / de façon à faire opposition en cas de vol. – **3.** Moi, je scanne toujours mon passeport et mes réservations pour / afin de / de manière à / de façon à ne pas avoir de problème en cas de vol. – **4.** Il faut mettre vos dossiers sur une clé USB pour que / afin que / de manière à ce que / de façon à ce que vous sauvegardiez les documents importants / pour sauvegarder les documents importants. – **5.** Je me renseigne auprès de mon opérateur téléphonique pour qu' / afin qu' / de manière à ce qu' / de façon à ce qu'il me conseille un forfait adapté à mon voyage. – **6.** Tu prends tes identifiants et mots de passe pour / afin de / de manière à / de façon à accéder à tes comptes Internet à l'étranger. – **7.** Préviens tes collègues pour qu' / afin qu' / de manière à ce qu' / de façon à ce qu'ils soient au courant de ton absence. – **8.** Je prends toujours un taxi pour / afin de / de manière à / de façon à arriver à l'heure à l'aéroport. – **9.** Garde toutes tes factures pour / afin de / de manière à / de façon à te faire rembourser tes frais de déplacement. – **10.** Je télécharge des applications de traductions sur ma tablette pour que / afin que / de manière à ce que / de façon à ce que les partenaires me comprennent. – **11.** Mets dans ton sac un adaptateur universel de voyage pour / afin de / de manière à / de façon à pouvoir recharger tes appareils sur les prises du monde entier. – **12.** Tu dois emporter une pochette secrète de voyage pour que / afin que / de manière à ce que / de façon à ce que tous les documents importants soient en sécurité.

5. Faites jouer les garanties : 1. annulez – **2.** perdriez – **3.** iriez – **4.** avez – **5.** surviendraient

6. Tout est possible : 1. il y aurait un retard / des problèmes / une annulation / une grève – **2.** vous perdriez votre valise – **3.** préviens tes clients – **4.** demandez une avance de frais / une carte de crédit « affaires » / prévoyez assez d'argent – **5.** tu serais malade – **6.** allez sur Internet

7. Sondage : A. 1. en préparant – **2.** en tenant compte – **3.** en arrivant – **4.** en choisissant – **5.** en offrant – **6.** en élargissant – **7.** en voyageant
B. 1. Expression de manière : 2 ; 5 – **2.** Expression de la condition : 6 – **3.** Expression du temps : 1 ; 3 ; 4 ; 7

8. Échanges utiles : 1 d – 2 b – 3 b – 4 d – 5 d – 6 b

9. Indemnisation : 1 c – 2 g – 3 f – 4 e – 5 a – 6 b – 7 d

10. Un mariage raté : 1 c – 2 g – 3 e – 4 b – 5 a – 6 f – 7 d

11. Une fin heureuse : 1. réclamation – **2.** regrettons – **3.** dédommager – **4.** rembourser – **5.** avons le plaisir – **6.** vols – **7.** nous vous prions de croire

12. VIE, un plus sur le CV : 1. viens de rentrer – **2.** suis restée – **3.** avait déjà vécu – **4.** s'était bien passé – **5.** ai voulu / voulais – **6.** étais – **7.** ai indiqué – **8.** cherchais – **9.** ai logé – **10.** ai trouvé – **11.** suis partie – **12.** n'ai pas emporté / n'avais pas emporté – **13.** avais droit – **14.** me suis bien adaptée – **15.** n'ont pas posé de problèmes – **16.** me félicitait – **17.** ai reçu – **18.** m'encourageait – **19.** m'a permis – **20.** ai passé – **21.** viens de signer

13. Convergence et divergence : 1. Vous avez raison. / Je suis de votre avis. / Je suis d'accord. – **2.** Vous avez très bien fait. / C'est parfait. – **3.** Oui, c'est vrai. / C'est exact. – **4.** Je suis de votre avis. / Je suis d'accord avec vous. – **5.** Je ne suis pas d'accord. / Je suis contre cette idée. – **6.** Je suis de votre avis. / Je suis d'accord avec vous. / Vous avez raison. – **7.** Je ne suis pas d'accord. / Je suis contre votre proposition. – **8.** Vous avez très bien fait. / C'est parfait.

14. Une lettre bien présentée : Affirmations exactes : **2.** Notez les pièces jointes. ; **4.** N'oubliez pas de prendre congé avec une formule de politesse. – Affirmations inexactes : **1.** Écrivez le mois en toutes lettres. ; **3.** Choisissez la bonne interpellation : Madame, Monsieur quand les personnes n'ont pas de titre particulier. – **5.** et **6.** Concluez avec une demande de réponse ou des remerciements.

15. Us et coutumes : Affirmations exactes : **4.** On reproche aux Français de faire des présentations longues et pas assez concrètes. – Affirmations inexactes : **1.** C'est impoli de prendre un appel sauf si on prévient avant. ; **2.** On ne pose pas de questions sur l'âge, la religion, la politique et l'argent. ; **3.** Le quart d'heure de retard est toléré en réunion. ; **5.** On n'offre généralement pas de cadeau dans le cadre professionnel.

16. Les semi-voyelles / semi-consonnes : 1. [w] – **2.** [ɥ] – **3.** [j] – **4.** [w] – **5.** [ɥ] – **6.** [j]

17. Les semi-voyelles / semi-consonnes : 1. [j] – **2.** [ɥ] – **3.** [w] – **4.** [ɥ] – **5.** [j] – **6.** [w]

18. Les semi-voyelles / semi-consonnes : Bonjour Marianne, Félicitations ! Le projet s'est déroulé comme vous l'aviez prévu ! Notre partenaire chinois a signé le contrat tout de suite. Nous allons travailler avec lui pendant plusieurs mois. J'ai suivi vos propositions. Il faut absolument que nous puissions communiquer sur nos nouveaux produits. Je vous propose une réunion jeudi soir.

Unité 6   p. 60-69

1. Paroles de chef : 1. Dès que vous aurez fini le dossier de Mme Blanchard, vous répondrez à M. Bourdier. – **2.** Pierre, tu viendras me voir quand les commerciaux se seront réunis pour me communiquer les chiffres. – **3.** Le service commercial démarchera de nouvelles entreprises, une fois que nous aurons obtenu le feu vert de la direction générale. – **4.** Dès que les ingénieurs se seront mis au travail, nous pourrons proposer un prototype aux clients. – **5.** Quand j'aurai obtenu toutes les données, j'interviendrai auprès de nos partenaires. – **6.** Valérie et Sofia enverront le cahier des charges à leurs équipes quand Pablo l'aura relu. – **7.** Il faudra ranger la salle de réunion quand tout le monde sera parti.

2. Communication efficace : 1 c – 2 e – 3 b – 4 f – 5 a – 6 d

3. Réception en vue : 1 g – 2 i – 3 c – 4 a – 5 h – 6 b – 7 d – 8 f – 9 j – 10 e

4. Excellente organisation : 1. Tu définiras bien le public visé. – **2.** Tu trouveras un bon sujet et un bon titre. – **3.** Tu choisiras un bon intervenant. – **4.** Tu réserveras une salle adaptée le plus tôt possible. – **5.** Tu détermineras la date et l'heure en étudiant bien le calendrier. – **6.** Tu lanceras les invitations 3 semaines avant l'événement.

5. Que d'événements : 1. Salon professionnel – **2.** Conférence – **3.** Assemblée générale – **4.** Séminaire – **5.** Congrès

6. Invitation parfumée : À l'occasion du lancement de notre tout nouveau parfum « Clair de lune », nous sommes heureux de vous inviter à une soirée qui se tiendra le 22 février à partir de 19 heures à l'espace Beethoven. Merci de nous confirmer votre présence avant le 22 janvier.

7. Textos utiles : a 6 – b 4 – c 3 – d 1 – e 2 – f 5

8. J'ai pensé à tout ! : 1. Oui, je les ai bien identifiés. – **2.** Oui, elle me l'a précisé. – **3.** Oui, je l'ai communiquée. – **4.** Oui, j'en ai fait. – **5.** Oui, j'en ai étudié plusieurs. – **6.** Oui, j'y suis allé(e). / Oui, je l'ai visité. – **7.** Oui, je leur ai demandé conseil. – **8.** Oui, je lui en ai proposé un. – **9.** Oui, j'y ai pensé. – **10.** Oui, j'en ai trouvé un.

9. Sentiments multiples : 1. ravi – **2.** triste – **3.** furieux – **4.** touché – **5.** mécontent – **6.** désolé – **7.** enchanté

10. Paroles sincères : 1. On est tristes que tu partes en Malaisie. – **2.** Murielle est vraiment désolée de devoir quitter la réunion à 3 heures. – **3.** Nous sommes ravis que vous collaboriez avec vous. – **4.** Le chef est furieux qu'on ne puisse pas participer au Salon de l'industrie cette année. – **5.** Je suis super contente de faire l'audit en Argentine. – **6.** Je suis émue que tout le monde vienne à ma fête de départ à la retraite. – **7.** Les collègues ne sont pas très contents qu'on leur dise de revenir demain. – **8.** Je suis enchantée que nous partagions le même bureau. – **9.** Les comptables sont très mécontents de ne pas avoir accès au nouveau système d'information.

11. Réussites en série : 1. a gagné / obtenu – **2.** a réussi / est parvenu / est arrivé – **3.** ai acquis / obtenu – **4.** avons atteint – **5.** ai achevé / accompli – **6.** sommes parvenus / sommes arrivés / avons réussi / avons fini par – **7.** avons accompli / achevé – **8.** a avancé

12. C'est justifié : *Propositions de corrigé :* **1.** Cela nous donne l'occasion de nous faire connaître au public. – **2.** Cela nous donne la possibilité d'élargir notre champ de compétences. – **3.** Cela nous donne l'opportunité de connaître les problèmes et les réussites de chacun. – **4.** Cela permet de ne pas être isolé. – **5.** Cela nous permet de faire des économies.

13. Mensonges ! : une légère baisse – s'est allongé – a augmenté – une diminution – beaucoup de

14. Rendez-vous littéraire : *Proposition de corrigé :* Le rendez-vous littéraire parisien, qui a fermé ses portes dimanche 20 mars, a accueilli 153 000 visiteurs cette année. Ce chiffre représente 15 % de moins que l'année dernière. Au total près de 800 rencontres et débats se sont déroulés au cours des quatre jours de ce salon qui a réuni plus de 3 000 écrivains. Cette année, la littérature sud-coréenne était à l'honneur. Le salon a reçu une délégation de 30 écrivains de ce pays, 12 femmes et 18 hommes, s'illustrant aussi bien dans le roman, la poésie, l'essai, le manhwa (le manga coréen) ou la littérature pour la jeunesse. Le prochain Salon du livre de Paris se tiendra l'année prochaine du 23 au 26 mars.

15. Paroles de visiteurs : 1. représentant – **2.** connaissant – **3.** Étant – **4.** venant – **5.** voulant – **6.** vendant – **7.** N'ayant – **8.** proposant

16. Soyons précis : Correcte : 2 ; 3 ; 6 ; 8 – Incorrecte : 1 ; 4 ; 5 ; 7 ; 9 ; 10
1. Le sujet du verbe « se promener » et le sujet du verbe « attirer » sont différents. L'utilisation du gérondif n'est donc pas possible. – **4.** Le verbe « savoir » doit être au participe présent et non au gérondif parce qu'il remplace « qui sait parler ». – **5.** Le sujet du verbe « passer » et le sujet du verbe « tomber » sont différents. L'utilisation du gérondif n'est donc pas possible. – **7.** Le sujet du verbe « donner » et le sujet du verbe « être » sont différents. L'utilisation du gérondif

CORRIGÉS ET TRANSCRIPTIONS

n'est donc pas possible. – **9.** Le sujet du verbe « aider » et le sujet du verbe « gagner » sont différents. L'utilisation du gérondif n'est donc pas possible. – **10.** « Proposer » doit être mis au gérondif car il exprime la manière.

17. Les sons [y] / [u] : 1. Tout – **2.** Cure – **3.** Lu – **4.** Pour – **5.** Sourd – **6.** Dessus – **7.** Écru – **8.** Pouce

18. Les sons [y] / [u] : *voir cahier p. 69.*

19. Les sons [s] / [z] : [s] : 1. **s**'agit ; invita**t**ion ; **s**alon ; profe**ss**ionnel – **2.** [z] vou**s** ; heureu**s**e ; ré**s**eau – **3.** [s] **s**a ; mi**ss**ion ; **s**i ; **s**ommes ; urgen**c**e – **4.** [z] : organi**s**er ; le**s** ; entrepri**s**es ; de**s** ; réali**s**er

DELF pro B1   p. 70-72

Compréhension de l'oral
Exercice :

Transcription

LE DIRECTEUR : Bonjour, alors, on en est où de la préparation du colloque ?
UNE CHERCHEUSE : Ça avance bien puisque nous avons terminé les relectures de tous les articles que nous avions reçus. Les textes sélectionnés sont partis à l'impression avec le programme du colloque pour que la brochure soit prête avant mardi. Et dès que les invitations seront prêtes, nous les enverrons aux chercheurs retenus pour qu'ils puissent préparer la présentation de leurs travaux. Nous avons prévu 15 minutes de présentation et 15 minutes pour les questions.
LE DIRECTEUR : C'est une bonne nouvelle en effet. Où en est-on des inscriptions ?
L'ASSISTANTE : Depuis l'ouverture de la page d'inscription en ligne, nous avons enregistré 261 inscriptions, ce qui est vraiment bien. Nous avons proposé des prix exceptionnels pour les frais de participation au colloque de façon à avoir rapidement le maximum d'inscrits. En s'inscrivant avant le 23 mai, les participants pouvaient bénéficier de tarifs très intéressants. En effet, en réduisant les frais au maximum, on a pu offrir une inscription au prix de 80 € pour les 3 jours.
LE DIRECTEUR : Et depuis le 23, quel est le tarif ?
L'ASSISTANTE : 210 €.
LE DIRECTEUR : Bravo pour l'idée. Et côté logistique ?
L'ASSISTANTE : François a négocié des tarifs hôteliers et il a mis en ligne une liste d'hôtels et de chambres d'hôtes pour les participants. Par contre, il est un peu ennuyé car il a posé une option pour les participants du laboratoire « Bio médoc » qui sponsorise l'événement. L'option expire bientôt et ils n'ont toujours pas confirmé leur présence.
Une chercheuse : Ah, je viens justement de recevoir un mail. Finalement, il y aura seulement trois participants et non 5. Je vous fais suivre leur mail tout à l'heure. Vous pouvez donc confirmer l'option d'hébergement pour 3 personnes.
L'ASSISTANTE : Merci. Autre point : toutes les salles sont retenues. Elles seront toutes équipées. J'indiquerai l'emplacement des différents ateliers aussitôt que j'aurai tout planifié. Je préparerai un panneau d'affichage dans le hall d'entrée et les badges des participants.

LE DIRECTEUR : Et pour la soirée de clôture ?
L'ASSISTANTE : Vous souhaitiez qu'elle ait lieu au château de Pierremont. Nous avons pu privatiser les lieux. En démarchant les laboratoires, nous avons pu obtenir des parrainages pour la soirée si bien que le coût par personne est seulement de 15 €. Il y a déjà plus d'une centaine d'inscrits.
LE DIRECTEUR : Parfait. Autre chose ?
UNE CHERCHEUSE : Oui, une dernière chose, la pause café de la dernière journée aura lieu a 15 h 30 ou à 16 h 00 ?
LE DIRECTEUR : À 15 h 30 pour permettre aux participants qui ont un train ou un avion à prendre de partir plus tôt.

1. b, c, g – **2.** a – **3.** une demi-heure : 15 minutes de présentation et 15 minutes pour les questions – **4.** 261 – **5.** a – **6.** c

Compréhension des écrits

1. c – **2.** a – **3.** a. Vrai : il faut se poser les bonnes questions / il faut analyser (les points forts de la société et) ses faiblesses pour évaluer sa capacité à exporter » ; b. Faux : Ce n'est pas parce qu'un pays est en forte croissance que tous les secteurs de son économie sont porteurs ; c. Vrai : Une étude des caractéristiques du marché visé permettra à l'entreprise de faire évoluer son offre et/ou les caractéristiques de ses produits et d'innover ; d. Vrai : Lorsqu'une démarche de développement à l'export est lancée, l'entreprise doit adapter son organisation et modifier ses habitudes – **4.** L'Australie et la Russie. – **5.** Étudier son marché, la concurrence ; étudier les caractéristiques culturelles du marché visé ; étudier l'adéquation entre les produits ou services proposés par l'entreprise et le marché visé. – **6.** b – **7.** c – **8.** a

Unité 7   p. 73-81

1. Rien ne va plus : 1. une autre – **2.** d'autres – **3.** une autre – **4.** autres – **5.** d'autres – **6.** en / d'autres – **7.** autre – **8.** en / un autre – **9.** un autre – **10.** une autre / un autre

2. Réflexions : 1. crois que – **2.** doute / ne crois pas / ne pense pas / ne suis pas sûr(e) – **3.** suis sûr(e) / certain(e) / convaincu(e) / persuadé(e) – **4.** crois – **5.** doute / ne pense pas / crois pas – **6.** doute / ne suis pas sûr(e) – **7.** crois / pense – **8.** pense / crois / suis sûr(e) / certain(e) / convaincu(e) / persuadé(e)

3. Opinions contraires : 1. a. c'est une bonne idée ; **b.** ce soit une bonne idée – **2. a.** leur demande va aboutir ; **b.** leur demande aboutisse – **3. a.** ce nouveau mode de management peut convenir à l'entreprise ; **b.** ce nouveau mode de management puisse convenir à l'entreprise – **4. a.** les salariés vont avoir plus de temps libre ; **b.** les salariés aient plus de temps libre. – **5. a.** va accroître la productivité des salariés ; **b.** accroisse la productivité des salariés

4. Pause pub des randonneurs : 1. solaire – **2.** gonflable – **3.** dépliable – **4.** programmable – **5.** isotherme – **6.** rétractable

5. Mode d'emploi : 1. Ce qui – **2.** ce que – **3.** ce que – **4.** ce que – **5.** ce qui – **6.** ce que – **7.** ce dont – **8.** ce dont

6. Devinettes : A. 1. un questionnaire – **2.** un livre / un manuel – **3.** un diplôme / un certificat

151

CORRIGÉS ET TRANSCRIPTIONS

7. Au rapport ! : **A. 1.** Ah bon ! – **2.** bien – **3. a.** Ah bon ; **b.** bien – **4.** bien – **5.** c'est bien – **6. a.** Bien ; **b.** c'est bon
B. 1. 2 ; 4 – **2.** 5 – **3.** 3b – **4.** 6b – **5.** 1 ; 3 a – **6.** 6a

8. Des vacances aux frais du patron ! : **A. 1.** À l'inverse des / contrairement aux / à l'opposé des – **2.** alors qu' / tandis qu' – **3.** Par contre / en revanche – **4.** alors que / tandis que – **5.** Par contre / en revanche – **6.** alors que / tandis que
B. 1 b – 2 a – 3 c – 4 b

9. Tous en vacances : 1 b – 2 a – 3 a – 4 b

10. Travailler en équipe, pas si simple ! : **1.** Pourtant / cependant – **2.** bien qu' – **3.** mais – **4.** bien que – **5.** malgré – **6.** même si – **7.** quand même – **8.** même si – **9.** alors que

11. Esprit d'équipe ou pas ? : 1 e – 2 g – 3 a – 4 d – 5 c – 6 b – 7 f

12. Ressentis : **1.** a ; d ; g ; i ; n – **2.** b ; e ; i – **3.** c ; h ; j ; k ; l – **4.** f ; m

13. Les mots cachés des congés : **Horizontalement** : ouvrable ; congé ; affiliée ; formation ; maternité – **Verticalement** : chômé ; férié ; payé ; sabbatique

14. Les sons [z] / [ʒ] : **1.** En juillet, il faudra s'arranger. [ʒ] – **2.** Nous devons organiser l'entreprise. [z] – **3.** Contactez le manager en cas de litige. [ʒ] – **4.** Il y a des désaccords entre nos interlocuteurs. [z] – **5.** Ce sont les dossiers les plus prestigieux. [ʒ] – **6.** Ils imposent de nouveaux horaires. [z] – **7.** Son congé maternité est prolongé. [ʒ] – **8.** Encouragez les gens à changer d'avis ! [ʒ] – **9.** Il présentera les idées retenues. [z] – **10.** Elle bizarre et réservée. [z]

15. Les sons [z] / [ʒ] : **1.** embau**ch**er [ʃ] ; commer**c**iaux [s] – **2.** **Ch**aque [ʃ] ; **ch**argé [ʃ] ; con**c**evoir [s] ; fi**ch**e [ʃ] – **3.** **ch**angements [ʃ] ; **s**o**c**iété [s] [s] – **4.** hiérar**ch**ie [ʃ] ; dé**c**ider [s]

Unité 8   p. 82-91

1. Un premier vrai contrat ! : **1.** CDD – **2.** période d'essai – **3.** RTT – **4.** annuels – **5.** légale – **6.** tickets restaurant – **7.** salaire

2. Un contrat bien négocié : 1 g – 2 h – 3 a – 4 c – 5 e – 6 i – 7 b – 8 f – 9 d – *Fins possibles* : – Dans ce cas, puis-je accepter sous réserve que cette condition figure au contrat ? / Je suis désolée, mais cela ne me convient pas. – C'est entendu, nous rédigerons le contrat dans ce sens. / Je comprends votre position, mais nous ne pouvons pas vous proposer mieux.

3. Participation aux bénéfices : **1.** Cela – **2.** ce – **3.** ça – **4.** ça

4. Des salariés plus que satisfaits : **1.** auquel / dans lequel – **2.** avec lesquelles – **3.** grâce auxquelles / dans lesquelles – **4.** avec laquelle – **5.** pendant lesquels – **6.** par lequel – **7.** avec lesquels / grâce auxquels – **8.** de laquelle / avec laquelle – **9.** dans laquelle – **10.** sans lesquelles

5. Les contrats de travail en Europe : 1 a – 2 c – 3 b – 4 a – 5 b

6. J'en ai vraiment assez ! : – Je vous rappelle que je vous ai demandé hier de traiter les mails urgents. – C'est toujours moi qu'on sollicite pour les urgences ! – En effet, mais je vous le demande parce que vous êtes la seule à pouvoir le faire cette semaine. – C'est possible mais on ne peut pas continuer à travailler comme ça ! – Dans ce cas, quelle solution proposez-vous ? – Il serait préférable de répartir le travail dès le départ entre tous les membres de l'équipe. – Je note votre proposition. Cela veut dire qu'il est important de communiquer.

7. Rumeurs : **1.** j'aurais pris – **2.** serais allée – **3.** l'aurais assisté – **4.** j'aurais préparé – **5.** aurait apprécié – **6.** vous seriez retrouvés – **7.** t'aurait offert – **8.** seriez sortis

8. Une mauvaise transmission d'information : **1.** aurais pu – **2.** ne me serais pas permis(e) – **3.** aurait dû – **4.** auriez nommé ; aurais compris – **5.** aurait terminé – **6.** aurais su ; ne serais pas intervenue – **7.** aurais informés ; aurait évité
Phrases qui expriment un reproche : 1 ; 3 ; 4 – Phrases qui expriment une supposition : 2 ; 5 ; 6 ; 7

9. Entretien individuel annuel : **1.** Maîtrise des procédés : insuffisant – Tenue du poste de travail : excellent – Relationnel : bien **2.** Demandes de la direction : Renforcer l'apprentissage technique auprès de son binôme – Demandes du salarié : Formation à la gestion d'équipe – Réponse de la direction : Plus tard, après la maîtrise technique du poste

10. Manques d'ambition : **1.** Si j'avais insisté davantage auprès de la banque pour obtenir le crédit, j'aurais pu acheter une nouvelle machine. – **2.** Si Paul n'avait pas écouté sa femme et (n'avait pas) refusé la proposition en Alsace, il ne déprimerait pas dans son petit bureau parisien. – **3.** Si nos investisseurs n'avaient pas été frileux, nous aurions maintenant les moyens de faire face à la concurrence. – **4.** Si Elsa et Emmanuelle n'avaient pas eu peur de prendre une seconde boutique en gérance, aujourd'hui, elles auraient la possibilité de vendre tous les produits qui leur plaisent. – **5.** Si vous vous étiez mis en avant au moment des nominations pour l'Inde, votre dossier aurait été sélectionné. – **6.** Si les dirigeants avaient osé lancer les grandes réformes nécessaires, la productivité ne se serait pas dégradée. – **7.** Si tu avais passé les concours de la fonction publique, par la suite, tu aurais pu obtenir les postes que tu souhaitais. – **8.** Si vous n'aviez pas refusé de louer un local plus grand, nous aurions assez de place pour installer cette machine. – **9.** Si Philippe avait su bien négocier son départ, il n'aurait pas obtenu à peine 3 mois d'indemnités. – **10.** Si nous n'avions pas défendu notre projet trop timidement auprès de la Chambre de commerce et que nous avions été convaincantes, des concurrents n'auraient pas pris le marché.

11. Bilan annuel : Nous sommes très satisfaits de vos performances de cette année.

12. Rupture de contrat : **1.** une démission – **2.** un préavis – **3.** une indemnité de départ – **4.** démissionner / négocier un départ anticipé

13. Ne partez pas ! : *Proposition de corrigé* : Salut Emy, je viens d'assister à une scène surprenante entre Thierry et Didier. Thierry a expliqué à Didier qu'il voulait partir parce qu'il n'avait pas assez de responsabilités et parce qu'il n'avait pas obtenu l'augmentation de salaire qu'on lui avait annoncée. Didier lui a répondu qu'il y aurait bientôt un projet qu'il pourrait piloter. Il lui a aussi annoncé qu'il y aurait bientôt

CORRIGÉS ET TRANSCRIPTIONS

une révision des salaires de toute l'équipe ! Mais Thierry a déclaré que sa lettre de démission était déjà prête. Didier lui a quand même demandé de bien réfléchir parce qu'il y a des perspectives intéressantes dans l'entreprise. Je n'en reviens pas !! Bonne soirée, à demain.

14. Les mots pour le dire : Horizontalement : expliquer ; promettre ; dire ; assurer ; préciser ; confirmer – **Verticalement :** admettre ; déclarer ; rappeler ; annoncer – **En diagonale :** indiquer ; ajouter

15. Revue du personnel : *Proposition de corrigé* : a expliqué qu'elle avait souhaité – a déclaré – avait baissé – qu'il trouvait – était – a indiqué / précisé que – alors que – c'était – a dit / déclaré que c'était – et qu'elle aurait aimé – le responsable des formations lui communique – a rappelé qu'il était – a confirmé et a ajouté qu'ils allaient – était – a dit / répondu que ce serait – avaient – a déclaré qu'ils referaient – le responsable des formations les aurait

16. Les sons [R] / [l] : 1. Dans votre contrat à durée indéterminée il y a une clause de non-concurrence. – **2.** D'excellentes entreprises utilisent des procédures d'appréciation du travail. – **3.** Pour désamorcer un conflit, on verra qu'il y a plusieurs règles à respecter. – **4.** L'intéressement correspond à 20 % du salaire net annuel. – **5.** La directrice des ressources humaines pourrait arriver en retard. – **6.** Ce salarié n'a pas réagi à leurs arguments.

17. Les sons [R] / [l] : Attention ! Abordez le plus rapidement possible le problème avec la personne concernée. Préférez une discussion franche au silence.

18. Le plus-que-parfait et le conditionnel passé :
1. J'aurais travaillé (conditionnel passé) – **2.** J'avais envoyé (plus-que-parfait) – **3.** Il avait pu (plus-que-parfait) – **4.** Il aurait dû (conditionnel passé) – **5.** Nous aurions eu (conditionnel passé)

DELF pro B1 p. 92-94

Compréhension de l'oral
Exercice :

Transcription

LA PATRONNE : Bonjour, je vous ai fait venir car on m'a dit que vous aviez de bonnes idées et que vous étiez très professionnel. Je suis allée sur votre site et j'ai vu les témoignages de nombreux clients très satisfaits et des photos de vos réalisations. C'est exactement ce que nous recherchons. J'espère que vous pourrez réaliser notre projet.

L'ARCHITECTE D'INTÉRIEUR : Tout dépend de ce que vous recherchez…

LA PATRONNE : Nous sommes deux associés, propriétaires de cette boutique de vêtements depuis 7 ans. Nous avons fait faire des travaux il y a 5 ans et depuis nous n'avons rien changé. Comme vous le voyez, la boutique n'est pas très attractive. Il faudrait la moderniser et revoir l'agencement pour que les clients puissent s'y déplacer plus facilement et que les articles soient plus accessibles. Et puis, on souhaiterait déplacer la caisse qui se trouve pour le moment au fond de la boutique. Ce n'est pas pratique. Je la verrais bien sur le côté en entrant.

L'ARCHITECTE D'INTÉRIEUR : Je vois…Alors, d'abord, il faudra que j'évalue le potentiel de ce lieu et que j'étudie toutes les contraintes pour les travaux. Pour cela, il faudra que je revienne plusieurs fois et que je prenne des photos.

LA PATRONNE : D'accord.

L'ARCHITECTE D'INTÉRIEUR : Je vous ferai ensuite mes propositions et une fois que nous serons d'accord sur le projet, je m'occuperai de tout le dossier technique. Et puis, il faudra faire toutes les démarches administratives avant de commencer les travaux.

LA PATRONNE : Vous vous en chargez ?

L'ARCHITECTE D'INTÉRIEUR : Si vous le souhaitez.

LA PATRONNE : Très bien. Et après, comment ça se passe pour les travaux ?

L'ARCHITECTE D'INTÉRIEUR : Nous travaillons avec plusieurs entreprises. En fonction des besoins, je sélectionne l'entreprise la plus adaptée. Concernant le mobilier et la décoration, je vous ferai des propositions à partir des catalogues de fournisseurs avec lesquels nous avons l'habitude de travailler.

LA PATRONNE : Est-ce vous qui coordonnez les travaux ?

L'ARCHITECTE D'INTÉRIEUR : Oui, bien sûr, c'est mon travail.

LA PATRONNE : Combien de temps faut-il compter pour les travaux ? Comme vous pouvez l'imaginer, on ne peut pas se permettre de fermer la boutique plus de 2 semaines d'affilée.

L'ARCHITECTE D'INTÉRIEUR : Quelle est la superficie de votre boutique ?

LA PATRONNE : 55 m^2 à peu près.

L'ARCHITECTE D'INTÉRIEUR : Je pense que c'est faisable mais je ne pourrai vous le confirmer que quand j'aurai bien étudié le chantier.

LA PATRONNE : Et quels sont vos tarifs ?

L'ARCHITECTE D'INTÉRIEUR : Pour une mission complète, il vous faudra compter environ 8 000 euros. Cela comprend l'étude et le suivi des travaux.

LA PATRONNE : Écoutez, je vais réfléchir et surtout en parler à mon associé. Je vous rappellerai pour vous faire part de notre décision.

1. b – **2.** c – **3.** Moderniser la boutique / Revoir l'agencement / Déplacer la caisse – **4.** Évaluer le potentiel du lieu / Étudier les contraintes pour les travaux – **5.** b – **6.** c – **7.** a – **8.** Environ 8 000 euros.

Compréhension des écrits

1. a – **2.** c – **3. a.** Faux : Cette procédure ne peut concerner que les salariés bénéficiant d'un CDI / Les titulaires de CDD et les intérimaires ne peuvent pas conclure de rupture conventionnelle ; **b.** Vrai : La démission, à l'inverse, ne donne droit à aucune indemnisation. ; **c.** Vrai : Il peut percevoir les allocations […] alors que […] la démission ne permet pas de bénéficier des indemnités chômage ; **d.** Faux : Il n'est pas obligé d'avancer un motif de licenciement / La convention […] ne doit pas faire apparaître de motif de rupture. – **4.** La référence à la personne qui a proposé la démarche / Le motif de rupture. – **5.** Un exemplaire de la convention de rupture doit impérativement être remis au salarié. – **6.** b

153

CORRIGÉS ET TRANSCRIPTIONS

Unité 9　p. 95-105

1. Un vendeur à l'écoute : Proposer de l'aide : 2 ; 4 ; 6 ; 9 – Parler de conditions de vente : 1 ; 10 – Exprimer son mécontentement : 3 ; 8 ; 12 – Proposer un arrangement : 5 ; 13 – Indiquer une recherche de solution : 7 ; 11 ; 14

2. Des clients mécontents : 1. C'est / Il est inadmissible que vous ne répondiez jamais aux lettres de réclamation. C'est / Il est inadmissible de ne jamais répondre aux lettres de réclamation. – **2.** C'est / Il est bizarre que vous soyez toujours en rupture de stock. C'est / Il est bizarre d'être toujours en rupture de stock. – **3.** C'est / Il est inconcevable que vous ne contrôliez pas l'emballage des produits. C'est / Il est inconcevable de ne pas contrôler l'emballage des produits. – **4.** C'est / Il est anormal que vous ne teniez pas compte de l'avis des clients. C'est / Il est anormal de ne pas tenir compte de l'avis des clients. – **5.** C'est / Il est inacceptable que vous accueilliez mal les clients. C'est / Il est inacceptable de mal accueillir les clients. – **6.** C'est / Il est étonnant que vous ne fassiez pas de remise. C'est / Il est étonnant de ne pas faire de remise. – **7.** C'est / Il scandaleux qu'on reçoive les livraisons toujours avec du retard. C'est / Il est scandaleux de recevoir les livraisons toujours avec du retard. – **8.** C'est / Il est regrettable qu'on fasse longtemps la queue au SAV. C'est / Il est regrettable de faire longtemps la queue au SAV.

3. Contrat de confiance : 1. défauts – **2.** délai – **3.** réparation – **4.** sans frais – **5.** facture d'achat – **6.** main d'œuvre – **7.** retourner – **8.** remboursement – **9.** emballage

4. Sachons réclamer : A. Faire référence à un produit / un événement : 3 ; 6 ; 7 ; 11 – Rappeler des engagements pris : 9 – Expliquer les motifs d'une réclamation : 2 ; 5 ; 13 – Demander de faire suite : 1 ; 8 ; 12 ; 14 – Prendre congé : 4 ; 10
B. Lettre 1 : 3 ou 11, 2, 8, 1, 4 ou 10 – Lettre 2 : 6, 9, 13, 12, 4 ou 10 – Lettre 3 : 7, 5, 14, 4

5. Double construction : A. 1. Je vous l'expédie demain. – **2.** Il ne se le rappelle plus. – **3.** Ils me l'ont envoyé avec du retard. – **4.** Occupez-vous-en. – **5.** Nous vous demandons de nous les livrer dans les 48 heures. – **6.** Faites-lui-en une. – **7.** Il veut nous le présenter. – **8.** Expédiez-nous-le. – **9.** Vous nous y ferez penser. – **10.** Ils ne nous en ont pas accordé.
B. 1. Nous les lui avons remises. – **2.** Je peux m'en charger. – **3.** Je l'y ai notée. – **4.** Il les leur a indiqués. – **5.** Je lui en ai parlé. – **6.** Ils en ont constaté sur le colis. – **7.** Je l'y ai rectifiée. – **8.** Il s'y est engagé.

6. Des mots pour le dire : A. 1. manquants – **2.** préjudice – **3.** erronée ; rectificative – **4.** dédommagement – **5.** délais – **6.** retard – **7.** défectueux – **8.** omission – **9.** détériorés – **10.** crédit
B. Un client : 1 ; 2 ; 3 ; 4 ; 7 ; 8 ; 9 – Un fournisseur : 5 ; 6 ; 10

7. Un problème de livraison : A. 1. a retenu toute notre attention – **2.** cet incident – **3.** un article non conforme – **4.** Nous vous prions d'accepter toutes nos excuses pour le désagrément subi – **5.** dédommagement – **6.** une telle erreur – **7.** nous continuerons à vous compter parmi nos fidèles clients ; **B.** 2

8. Questions-réponses : 1. n'avoir rien oublié – **2.** d'avoir assisté – **3.** d'avoir obtenu le poste de – **4.** d'avoir trouvé un arrangement – **5.** d'être partie – **6.** ne pas voir pu régler le problème – **7.** avoir bien répondu – **8.** d'être venus

9. Des événements à la chaîne : A. 1. Après l'avoir reçu / Après l'avoir ouvert / Après avoir constaté des dommages / Après l'avoir écrite / je l'ai envoyée / Après l'avoir envoyée – **2.** Après être allée / Après avoir rédigé / elle l'a perdue / Après l'avoir perdue / elle l'a cherchée / Après l'avoir cherchée / elle ne l'a pas retrouvée – **3.** Après les avoir lus / ils les ont analysés / après les avoir analysés

10. Portraits-types : A. 1. ceux – **2.** ceux-ci / ceux-là – **3.** ceux-là – **4.** celles-ci – **5.** celles – **6.** celles – **7.** celles-là – **8.** celle-ci – **9.** ceux-là – **10.** celui-là
B. 1. Les laxistes – **2.** Les experts – **3.** Les sincères – **4.** Les insolvables – **5.** Les déménageurs – **6.** Les électrons libres – **7.** Les anonymes

11. Des problèmes de paiement : 1. jusqu'à ce qu'ils soient payés / jusqu'au moment où ils seront payés – **2.** tant qu'ils ont des problèmes de trésorerie – **3.** jusqu'à ce que nous puissions vous payer / jusqu'au moment où nous pourrons vous payer – **4.** tant que vous ne paierez pas – **5.** tant que vous n'aurez pas réglé le litige – **6.** jusqu'à ce que vous ayez une rentrée de fonds / jusqu'au moment où vous aurez une rentrée de fond – **7.** jusqu'au moment où ils obtiendront satisfaction / jusqu'à ce qu'ils obtiendront réparation – **8.** jusqu'à ce que nous recevions le paiement / jusqu'au moment où nous recevrons le paiement

12. Demande et réponse : A. 1. financer / relance – **2.** salutations – **3.** pénalités – **4.** échéance – **5.** demande – **6.** suite – **7.** engagements – **8.** délai – **9.** anticipés – **10.** trésorerie / de fonds
B. Une demande de délai de paiement : 4 ; 10 ; 8 ; 5 ; 9 – La réponse à la demande de délai de paiement : 6 ; 1 ; 3 ; 7 ; 2

13. Le son [p] : – Bonjour madame. Je peux vous aider ? – Oui, s'il vous plaît. Je viens pour un échange. J'ai acheté cet appareil il y a à peu près un mois et il ne fonctionne plus. – Avez-vous votre bon de garantie « pièces et main-d'œuvre » pour l'envoyer tout de suite en réparation ? – Et cette réparation prendra combien de temps ? – Je ne peux pas vous le dire cela dépendra de la gravité du problème. → 15 fois

14. Le son [p] : voir cahier p. 105.
15. Le son [ə] / [e] : voir cahier p. 105.

Unité 10　p. 106-115

1. Délais serrés : 1. ait rédigé – **2.** aies rendu – **3.** nous soyons vus – **4.** ait convenu – **5.** aient fait – **6.** soyez revenu(e)(s) – **7.** aie calculé

2. Fiasco total : Bonjour à tous, Je regrette que rien ne se soit passé comme prévu. Quel dommage que le cahier des charges n'ait pas été clarifié. C'est désolant que le chef de projet ne se soit pas assuré du bon déroulement des étapes. Je suis désolée que l'équipe projet n'ait pas pris le temps d'examiner les contraintes du projet. Je regrette qu'on n'ait pas respecté le budget alloué. Quel dommage que le travail des techniciens n'ait pas permis d'aboutir aux résultats attendus. Bref, je suis désolée que nous n'ayons pas réalisé le projet avec professionnalisme.

3. Appel urgent : qui ait le sens de l'organisation – qui ait de la rigueur / qui soit rigoureux – qui ait des capacités

CORRIGÉS ET TRANSCRIPTIONS

relationnelles – qui sache travailler en équipe – qui ait de l'imagination – qui soit réactif – qui ait du sens pratique – qui soit toujours de bonne humeur

4. Nouveau projet : A. 1. équipe – **2.** pilotage – **3.** piloté – **4.** cadrage – **5.** budget – **6.** risques – **7.** cahier des charges – **8.** planifier – **9.** plan – **10.** avancement – **11.** ajustements – **12.** compte rendu – **13.** contraintes – **14.** objectifs – **15.** note

B. 1. Le service achat. – **2.** Une application mobile destinée aux chefs de chantier. – **3.** Dans le but de faciliter le processus des commandes sur les chantiers. – **4.** Aujourd'hui, les chefs de chantier doivent avoir un ordinateur sous la main pour effectuer les commandes. Ce n'est pas pratique et cela leur fait perdre du temps. – **5.** Une application sur leur téléphone ou sur une tablette pour leur permettre d'effectuer les commandes sur les chantiers. – **6.** Le chef de projet informatique et le chef de projet utilisateur.

5. Le médecin qu'il vous faut : 1. docteur – **2.** cabinet – **3.** médecin – **4.** consultation – **5.** soins – **6.** certificat – **7.** bilan – **8.** maladies – **9.** examens – **10.** suivi – **11.** vaccinations – **12.** visite – **13.** dossier – **14.** prescriptions

6. Service en perte de vitesse : *Production libre.*

7. C'est bien délimité : 1. Nous ne travaillerons qu'avec un seul intervenant externe. – **2.** Je n'ai sélectionné que des objectifs réalistes. – **3.** On ne va pouvoir se réunir qu'une fois par semaine. – **4.** J'aimerais qu'on ne prenne que des personnes expérimentées. – **5.** Nous n'avons prévu que deux mois de travail. – **6.** Le commanditaire ne peut nous donner qu'un budget de 15 000 euros.

8. Réorganisation facile : A. 1. énormément / beaucoup / trop – **2.** très / extrêmement / trop – **3.** très / extrêmement / trop

B. 1. très / extrêmement – **2.** très / extrêmement – **3.** énormément / beaucoup – **4.** trop – **5.** très / extrêmement – **6.** trop – **7.** énormément / beaucoup

9. SMS projet : 1 f – 2 a – 3 e – 4 c – 5 d – 6 h – 7 b – 8 i – 9 g

10. Fabrication emmêlée : 1. assemblage – **2.** chaîne – **3.** robot – **4.** circuit – **5.** usine – **6.** production – **7.** mécanique – **8.** montage – **9.** pièce

11. Visite guidée : 5 – 7 – 4 – 8 – 1 – 2 – 6 – 3

12. Façons de dire : 2. Nous regrettons de ne pas avoir mieux réfléchi à la problématique. Nous aurions dû mieux réfléchir à la problématique. Si nous avions su, nous aurions mieux réfléchi à la problématique. – **3.** Vous regrettez de ne pas vous être informés auprès du chef de projet. Il aurait fallu que vous vous informiez auprès du chef de projet. Si vous aviez su, vous vous seriez informés auprès du chef de projet. – **4.** On regrette de ne pas avoir conçu le projet avec plus de professionnalisme. Il aurait fallu qu'on conçoive le projet avec plus de professionnalisme. On aurait dû concevoir le projet avec plus de professionnalisme. – **5.** Je regrette de ne pas être allé(e) voir le demandeur plus tôt. Il aurait fallu que j'aille voir le demandeur plus tôt. Si j'avais su, je serais allé(e) voir le demandeur plus tôt. – **6.** Tu regrettes de ne pas avoir fait remonter les problèmes à la Direction. Tu aurais dû faire remonter les problèmes à la Direction. Si tu avais su, tu aurais fait remonter les problèmes à la Direction. – **7.** Il aurait fallu que mes collaborateurs se réunissent plus souvent. Mes collaborateurs auraient dû se réunir plus souvent. S'ils avaient su, mes collaborateurs se seraient réunis plus souvent.

13. Déceptions : 1 d – 2 c – 3 c – 4 a – 5 b

14. Avec des si ! : 1. Si on avait mieux estimé le temps de réalisation des livrables, on aurait fini dans les temps. – **2.** Si le chef de projet avait été moins optimiste, il aurait communiqué des délais raisonnables au demandeur. – **3.** Si le cahier des charges avait comporté plus de précisions, on ne se serait pas trompés dans la définition des étapes. – **4.** Si l'équipe avait mieux évalué les risques, on aurait dépensé moins d'énergie à régler les problèmes. – **5.** Si tu t'étais mieux comporté, tu n'aurais pas eu de problèmes avec les autres membres de l'équipe. – **6.** Si les résultats avaient convenu au patron, les membres de l'équipe auraient obtenu une prime. – **7.** Si je vous avais écouté, j'aurais mieux compris vos besoins. – **8.** Si les techniciens s'étaient concertés, ils seraient parvenus à une solution acceptable.

15. Si c'était à refaire : *Production libre.*

16. Opposition des sons [ø] et [œ] : 1. Nous recherchons des collaborateurs rigoureux. – **2.** Notre supérieur hiérarchique ne veut plus s'occuper d'eux. – **3.** Cet ingénieur est très ambitieux. – **4.** Travaillez seulement avec ces couleurs, c'est le mieux ! – **5.** Nous avons passé de nombreuses heures à effectuer ce réglage.

17. Opposition des sons [ø] et [œ] : 1. [ø] – **2.** [œ] – **3.** [ø] – **4.** [œ] – **5.** [œ]

DELF pro B1 p. 116-118

Compréhension de l'oral

Exercice :

> **Transcription**
>
> Associé 1 : Bon, Marc, nous sommes au courant que la mise en place du nouveau logiciel de gestion ne se déroule pas comme prévu. Vous pouvez nous expliquer précisément où on en est ?
>
> Gérant : Oui, donc, comme vous le savez, nous avons fait appel à un prestataire spécialisé pour nous installer un système de gestion informatique de toute l'entreprise. Ce système doit intégrer toute la gestion clients, depuis les devis jusqu'à la facturation, et également la gestion des stocks et la gestion du personnel. Seulement, ça fait 9 mois que nous avons passé la commande ferme, presque 6 mois que l'installation a commencé et, aujourd'hui, il n'y a qu'une partie qui est réalisée, la saisie informatique des devis… et encore, ça ne fonctionne même pas correctement !
>
> Associé 1 : Et le prestataire s'était engagé à réaliser la mise en place dans quel délai ?
>
> Gérant : Le délai initialement prévu était de 3 à 4 mois.
>
> Associé 2 : Si je comprends bien, le prestataire n'est pas du tout à la hauteur ! Comment se fait-il qu'on lui ait confié le projet ?
>
> Gérant : Nous avions choisi ce prestataire pour deux raisons. Tout d'abord, parce qu'il est le concepteur du logiciel qu'il

CORRIGÉS ET TRANSCRIPTIONS

installe et peut donc apporter facilement des modifications si besoin, et surtout parce qu'il nous a été recommandé par un informaticien de la société Sodipax.
Associé 2 : Ah, c'est incroyable que Sodipax ait pu vous recommander un prestataire pareil !
Gérant : Je suis sûr que le logiciel est très performant mais le problème est qu'ils n'arrivent pas à l'adapter à notre entreprise : nous avons des spécificités qu'ils n'ont pas su anticiper.
Associé 1 : Donc, nous aurions dû être plus précis dans le cahier des charges. Et maintenant, quel est l'impact de ce retard pour l'entreprise ?
Gérant : En fait, actuellement, pour la gestion des commandes, nous sommes obligés d'utiliser en parallèle les deux logiciels, l'ancien et le nouveau.
Associé 2 : Ça doit générer une perte de temps considérable ! Et vous avez fait prendre conscience au prestataire des coûts engendrés par son incompétence ?
Gérant : Oui, bien sûr ! Je l'ai mis en garde plusieurs fois. Alors, récemment, il a proposé d'installer la partie facturation, dont il est sûr du fonctionnement, mais cela n'a aucun intérêt pour nous tant que le reste du système n'est pas fonctionnel.
Associé 1 : D'accord. Bon, écoutez, je trouve qu'on a perdu énormément de temps et qu'il faut absolument mettre le prestataire en face de ses responsabilités. Le préjudice va être énorme pour nous. Il va falloir lui adresser un courrier formel, rappelant ses engagements, et lui accorder encore un délai de… disons 1 mois, pour finir la mise en place.
Associé 2 : Oui, Je suis d'accord.

1. a – **2.** b – **3.** 3 à 4 mois – **4.** Il est le concepteur du logiciel qu'il installe. / Il a été recommandé par un confrère. – **5.** Il n'arrive pas à adapter son logiciel à l'entreprise / L'entreprise a des spécificités qu'il n'a pas anticipées. – **6.** a. – **7.** b – **8.** Envoyer un courrier au prestataire / Laisser au prestataire 1 mois pour terminer le travail.

Compréhension des écrits

1. Pegasus : Oui : garantie ; suivi des pièces de rechange ; disponibilité des pièces de rechange ; Sachiko : Oui : assistance téléphonique ; déplacement dans les 24 h ; disponibilité des pièces de rechange ; Boowoo : Oui : tous les critères ; Nordmann : Oui : suivi des pièces de rechange – **2.** Boowoo

Unité 11 p. 119-128

1. Brèves : **1.** dans – **2.** contre – **3.** avec – **4.** en – **5.** dans – **6.** sur – **7.** chez – **8.** de – **9.** depuis – **10.** en – **11.** contre – **12.** sur – **13.** devant / sur

2. Conflit social : **1.** grève – **2.** débrayages – **3.** ralenti – **4.** assemblée générale – **5.** réclament – **6.** négociations – **7.** s'opposent – **8.** protestent

3. Colère et détermination ! : 1 d – 2 g – 3 f – 4 c – 5 a – 6 e – 7 b

4. Halte aux suppressions de poste : **1.** Nom de l'entreprise : Placoplatre – Nom du groupe : Saint-Gobain – Activité : production de polystyrène – Date de rachat de l'entreprise : 2005 – Marché visé : le bâtiment – Date de production de polystyrène : 1969 – Date d'arrêt programmé de l'activité polystyrène : le 31 juillet
2. Emmanuel Aubry / Âge : 47 ans / Métier : découpeur / Années d'ancienneté : 10 ans – Eddy Bussi / Âge : 38 ans / Métier : opérateur découpe – Mathieu Fabien / Âge : 36 ans / Métier : chef d'équipe / Années d'ancienneté : 15 ans – Sabine Guillez / Âge : 55 ans / Métier : agent logistique / Années d'ancienneté : 33 ans
3. a. Sabine Guillez : Pour choisir ceux qui vont être licenciés, la direction va se baser sur des critères d'âge, l'ancienneté, la situation familiale. – **b.** Sabine Guillez : Ils disent que les activités du polystyrène sont en baisse. – **c.** Eddy Bussi : Toute la partie fabrication du polystyrène va disparaître et être transférée vers d'autres sites. – **d.** Emmanuel Aubry : C'est tombé le jour de la grève nationale, mais c'est un hasard. – **e.** Mathieu Fabien : Un opérateur qui a fait 15 ans n'aura même pas 10 000 €, alors que notre PDG a un des plus gros salaires de France. – **f.** Sabine Guillez : En gros, on paye pour tout le monde. – **g.** Eddy Bussi : Une cellule de reclassement va être mise en place.

5. La presse en parle : **1.** Échec des négociations entre les opérateurs Bouygues Telecom et Orange. – **2.** Prise de contrôle du groupe électronique taïwanais Hon Hai sur le japonais Sharp. / Prise de contrôle du japonais Sharp par le groupe électronique taïwanais Hon Hai. – **3.** Prélèvement à la source des impôts en France. – **4.** Progression des dépenses des ménages en juin et accélération des dépenses en biens d'équipement du logement. – **5.** Création d'une filiale commune par Publiembal et Sphere, deux leaders des emballages, pour la commercialisation de sacs biodégradables.

6. Portraits : **1.** Mon PDG, il est à la fois détesté par les uns à cause de sa froideur, de son autoritarisme, de son orgueil et de son arrogance et respecté par les autres grâce à son intelligence, sa culture, son courage, sa détermination, son efficacité mais aussi sa discrétion. – **2.** Il estime qu'il a des atouts grâce à son âge, son expérience, sa persévérance, sa conscience des difficultés du secteur du bâtiment et par sa bonne connaissance du domaine d'activité.

7. Biographies : **A. 1.** créa ; **2.** devint ; **3.** firent ; **4.** entrevit ; **5.** put ; **6.** ne cessèrent pas ; **7.** effectua → Bill Gates – **B. 1.** naquit ; **2.** emménagea ; **3.** apprit ; **4.** reprit ; **5.** obtint ; **6.** fut ; **7.** ouvrit → Paul Bocuse

8. Indiscrétions : **1.** voudrait – **2.** regretterait – **3.** pourrait – **4.** aurait saisi – **5.** bénéficierait – **6.** aurait été – **7.** serait disposé

9. Mots croisés de la bourse : **1.** participation – **2.** action – **3.** bloc – **4.** capital – **5.** OPA – **6.** filiale

10. Mobilité et transformation digitale : **A. 1.** En effet – **2.** d'une part – **3.** d'autre part – **4.** non seulement – **5.** mais également – **6.** d'abord – **7.** ensuite – **8.** enfin – **9.** En premier lieu – **10.** En d'autres termes – **11.** bref ; **B.** 3

11. En réunion de reclassement : **A.** a. 2 – b. 4 – c. 1 – d. 5 – e. 3 ; **B.** 2 – 5 – 4 – 3 – 1

12. Concessions multiples : 1 e – 2 c – 3 d – 4 a – 5 b

13. L'entreprise libérée, révolution ou imposture ? : **A. 1.** On a beau dire, pour ou contre l'entreprise sans hiérarchie, ça ne change rien au stress des salariés qui

CORRIGÉS ET TRANSCRIPTIONS

doivent atteindre les objectifs fixés. – **2.** Quoi que les salariés soient libres et responsables, en réalité, tout le monde est sous contrôle. – **3.** Au risque de déplaire, je suis sûr que les chefs ont des arrière-pensées en optant pour ce type de management. – **4.** En dépit de ce que vous croyez, je trouve que cette forme d'organisation apporte du bonheur au travail. – **5.** Quoi qu'on en dise, ce système s'inscrit surtout dans une logique de réduction de coût. – **6.** Ce système a beau améliorer les conditions de travail, les salariés sont nombreux à démissionner. – **7.** Quand bien même je gagnerais plus, je ne pourrais pas travailler dans ce type d'entreprise.
B. Pour : 4 – Contre : 2 ; 3 ; 5 ; 7 – Ni pour, ni contre : 1 ; 6

14. L'économie en quelques mots : **1.** économie collaborative / valeur – **2.** biens / services – **3.** circuit – **4.** précarisation – **5.** acquis sociaux

15. L'accent d'insistance : L'intonation est différente la deuxième fois car les personnes veulent insister sur un fait.

16. L'accent d'insistance : **1.** beaucoup – **2.** bien – **3.** vraiment

Unité 12 p. 129-138

1. Négatif ! : **1.** déloyale – **2.** atypique – **3.** indéterminées – **4.** mésentente – **5.** inefficace – **6.** désorganiser

2. À chacun ses projets : 1 b – 2 e – 3 a – 4 c – 5 d

3. Une belle leçon : 1 j – 2 h – 3 a – 4 e – 5 f – 6 d – 7 g – 8 k – 9 c – 10 l – 11 i – 12 b

4. Rapports annuels : **1.** croissance – **2.** dividende – **3.** pertes – **4.** résultat – **5.** plan d'investissement – **6.** diversification – **7.** marge – **8.** titre

5. Une semaine chez les commerciaux : **1.** déroulée – **2.** entendue – **3.** installée – **4.** mise – **5.** partagé – **6.** appuyés – **7.** occupée – **8.** parlé – **9.** retrouvés – **10.** communiqué

6. On s'est trompés ! : **1.** Les contrôles qualité sont systématiques / tout à fait satisfaisants. – **2.** Toutes les procédures sont bien définies. – **3.** Les conditions de conditionnement et d'expédition des produits ne sont pas optimales / montrent quelques failles / ne sont pas entièrement satisfaisantes. – **4.** Le procédé de fabrication du produit montre quelques failles / n'est pas entièrement satisfaisant. – **5.** Les étiquettes ne permettent pas d'assurer une bonne information sur la composition du produit. – **6.** Le fonctionnement des appareils est vérifié régulièrement / systématiquement (par le contremaître).

7. Réunion Qualité : **1.** b – **2.** a / f – **3.** b – **4.** c

8. Soyez plus global ! : **1.** Le taux de retour des produits ne concerne que quelques / très peu sacs. – **2.** Comme nous, près du quart des entreprises de la région ont sollicité un étalement de leur dette. – **3.** La quasi-totalité des consommatrices ont plébiscité ce produit ! – **4.** C'est un tel succès que notre chiffre d'affaires devrait être en augmentation de la moitié. – **5.** La majorité / Un grand nombre de nos clients affirment qu'ils préfèrent acheter sur notre site en ligne. – **6.** Nous réalisons plus des trois quarts / la plupart de notre activité de transport à l'international. – **7.** Le tiers des magasins va / vont être relooké(s) dans les deux ans à venir.

9. Rapport d'activités : **1.** l'activité – **2.** immobiliser – **3.** le capital – **4.** une créance – **5.** un fonds de commerce – **6.** une hausse – **7.** une provision – **8.** les franchisés

10. Rapport sur les mouvements de personnel : **1.** une diminution – **2.** embauches en CDI – **3.** baisse – **4.** techniciens – **5.** inférieures – **6.** départs – **7.** négatif – **8.** 16 – **9.** 3 – **10.** le plus grand – **11.** 4 – **12.** stable – **13.** 2 – **14.** 2 – **15.** départs en retraite – **16.** varie – **17.** 3 – **18.** une réduction – **19.** le recul – **20.** par le nombre insuffisant d'embauches

11. Des annonces attirantes : **1.** passionnant – **2.** professionnalisante – **3.** certifiantes – **4.** innovante – **5.** accueillant – **6.** encadrant

12. Chez le conseiller en formation : **1.** Je suis persuadé – **2.** Il est évident – **3.** Il est possible – **4.** Il se pourrait – **5.** Nous sommes convaincus – **6.** Il est certain

13. Une formation faite pour toi : *Proposition de réponse* : Salut, Comment vas-tu ? Comment se passe ta prise de poste ? Je t'écris pour te proposer une formation que nous venons de mettre au catalogue pour le prochain semestre. Je suis sûr(e) qu'elle pourrait t'intéresser car elle est vraiment destinée aux personnes comme toi qui ont déjà l'habitude de gérer des équipes. Elle est très dense et efficace, et elle dure 7 jours. On y explique comment se positionner comme manager et motiver ses collaborateurs, on te donne des pistes pour gérer les conflits. Si tu t'inscris, il est probable que tu en retireras le plus grand bénéfice et ça ne m'étonnerait pas que tu veuilles la conseiller à ton tour ! Les participants aux précédentes sessions l'ont toujours décrite comme extrêmement bénéfique et enrichissante. Ils ont aussi pointé le côté constructif et passionnant des échanges. D'autre part, il se pourrait que tu rencontres des participants de la même branche professionnelle que toi, ce qui serait appréciable, non ? Enfin, un dernier argument pour te convaincre : il est possible que tu prennes cette formation sur ton CPF. Vérifie avec ton service RH. Je te mets la documentation en pièce jointe. Dis-moi ce que tu en penses ! À très bientôt.

14. Les sons [o] – [ɔ] : [o] : 1 ; 3 ; 4 ; 6 – [ɔ] : 2 ; 5

15. Les sons [o] – [ɔ] : **1.** Lorsqu'il y a les lettres « o », « au », « ô », « eau », on prononce [o]. – **2.** Lorsqu'on voit la lettre « o » + une consonne prononcée, on prononce [ɔ].

16. Les sons [o] – [ɔ] : Bonjour Jérôme [o], les paroles [ɔ] de notre [ɔ] patron sont optimistes [ɔ] parce que nos [o] performances [ɔ] financières sont en hausse [o] dans les pays du Golf [ɔ] et qu'aujourd'hui [o] le chiffre d'affaire a augmenté [o] de 100 000 euros [o]. Ces performances [ɔ] financières importantes [ɔ] sont une bonne [ɔ] nouvelle pour notre [ɔ] réseau [o].

DELF pro B2 p. 139-142

Compréhension de l'oral
Exercice :

> **Transcription**
> VALÉRIE : Bonjour Christophe, alors quel est le thème de votre chronique, ce matin ?

157

CORRIGÉS ET TRANSCRIPTIONS

CHRISTOPHE : Eh bien Valérie, à Davos, les patrons de grandes multinationales se sont réunis pour un débat sur la transformation digitale de l'industrie. Et ils nous annoncent la 4e Révolution industrielle. La digitalisation et la connectivité, la généralisation des imprimantes 3D, tout cela transforme en profondeur l'industrie qui entre dans ce qu'ils appellent l'industrie 4.0, la quatrième Révolution industrielle.

VALÉRIE : La quatrième, déjà ?

CHRISTOPHE : Eh bien oui, Valérie, rappelez-vous ! La première Révolution industrielle, celle de la machine à vapeur, a débuté au milieu du 18e siècle en Angleterre. La deuxième, celle des grandes industries et de la production de masse, a marqué la quasi-totalité du 20e siècle. La 3e, ce fut, rappelez-vous également, la révolution informatique qui a débuté dans les années 1970, avec l'invention d'Internet et du microprocesseur, qui ont entraîné une révolution des moyens de communication.

VALÉRIE : Elle est terminée ?

CHRISTOPHE : Pas vraiment. Elle n'a pas encore produit tous ses effets mais on nous parle déjà de la 4e Révolution industrielle, la révolution digitale. Et il s'agit vraiment d'une révolution parce qu'elle fait deux choses : elle transforme le monde de l'entreprise et elle transforme la société. Et cela à une vitesse incroyablement rapide.

VALÉRIE : Mais concrètement, de quoi s'agit-il, Christophe ?

CHRISTOPHE : De quoi s'agit-il ? Eh bien, d'une combinaison de plusieurs technologies émergentes : biotechnologies, intelligence artificielle, objets connectés, imprimantes 3D, robotique de nouvelle génération. Ainsi, par exemple, dans l'industrie, on va pouvoir produire des objets sur mesure à l'échelle industrielle. Par exemple, Valérie, on va avoir des voitures de plus en plus personnalisées et même bientôt des modèles uniques pour chaque propriétaire. Cela va totalement remettre en question le concept de grandes séries.

VALÉRIE : Incroyable ! Et ça va modifier nos façons de travailler ?

CHRISTOPHE : Incontestablement ! Cela va avoir des répercussions inédites sur nos façons de travailler. En effet, cette 4e Révolution implique la collaboration généralisée : d'abord, entre le client et le fournisseur qui devra collecter suffisamment de données et les traiter pour procurer des produits et services sur-mesure. Mais surtout à l'intérieur même des sociétés, où les équipes fonctionneront toujours plus par projets, et de manière transversale. Chez Accenture, par exemple, les collaborateurs sont regroupés en équipes qui travaillent sur une mission. Le PDG parle tous les jours avec ses équipes de direction partout dans le monde, depuis son bureau, en utilisant une technologie digitale, une technologie de « téléprésence » sophistiquée qui lui permet de dialoguer avec ses collaborateurs. Et à l'avenir, cela ne concernera pas seulement le PDG mais des collaborateurs à tous les niveaux. On va indubitablement vers des systèmes beaucoup plus collaboratifs où il faudra être à l'aise avec la communication digitale.

VALÉRIE : Mais les salariés sont-ils suffisamment préparés pour cette révolution ?

CHRISTOPHE : Bonne question, car effectivement la limite maintenant, ce n'est pas... ce n'est plus la technologie, qui, elle, est illimitée, mais l'humain. Selon la patronne de Hewlett Packard, il faut donc mettre l'accent sur la formation des hommes pour réussir la transformation. C'est alors aussi une révolution du management qui est à l'œuvre.

VALÉRIE : Énorme chantier, en effet... Et tous les secteurs économiques vont être impactés en même temps ?

CHRISTOPHE : Non, les domaines qui seront concernés en premier seront la santé, l'énergie et les services publics. On a parlé tout à l'heure de révolution sociétale et, dans le domaine de la santé, cette révolution peut changer la vie.

VALÉRIE : C'est-à-dire ?

CHRISTOPHE : C'est-à-dire qu'elle va permettre, grâce aux fameux objets connectés, d'assurer certains suivis médicaux à distance et donc d'éviter que les gens aillent à l'hôpital, un lieu qui doit être réservé aux soins plus intensifs, plus spécifiques, et pas à des actes qui peuvent être faits à domicile. Cette révolution amène à repenser totalement le fonctionnement de la santé.

VALÉRIE : Mais dites-moi, Christophe, on ne risque pas de voir certaines professions disparaître ?

CHRISTOPHE : Les experts estiment, en effet, que la moitié des métiers actuels auront disparu dans 20 ans. 5 millions d'emplois seront détruits dans les pays développés d'ici 2020.

VALÉRIE : Donc on se demande s'il faut vraiment s'en réjouir ?...

CHRISTOPHE : Il faut savoir, Valérie, que les Révolutions industrielles du passé ont toujours été accompagnées par un progrès social et humain, avec un temps de transition – une dépression, du chômage. Mais, pour finir, elles ont toujours conduit à des progrès de productivité et à la création, en net, de plus d'emplois qu'il n'en a été détruit. Espérons qu'il en soit de même pour la révolution digitale !

1. La révolution digitale / L'industrie 4.0 – **2.** 1re Révolution industrielle : Machine à vapeur ; 2e Révolution industrielle : Presque tout le xxe siècle / Grandes industries et production de masse ; 3e Révolution industrielle : Depuis les années 1970 / Révolution informatique / Révolution des moyens de communication – **3.** La société (toute entière). – **4.** b – **5.** c – **6.** collaboration / collaboratif – **7.** L'humain / Le manque de formation des hommes / Un mauvais management – **8.** a – **9.** c – **10.** a

Compréhension des écrits

1. Jongler en permanence avec plusieurs fuseaux horaires / Arbitrer entre le court et le long terme. – **2.** c – **3.** Ils savent parfaitement déjouer les contrôles mis en place par leur manager / Ils sont capables de laisser de côté des tâches qu'ils considèrent comme inutiles ou absurdes. – **4.** Faux : Les grands patrons sont de plus en plus jugés sur leurs réalisations, et non sur leurs discours ou leur parcours scolaire. – **5.** Considérer que chaque employé doit apporter sa pierre à l'édifice de l'entreprise, avec ses idées et son énergie. – **6.** a. Faux : L'intelligence collective ne doit cependant pas être une fin en soi. b. Vrai : Encore faut-il que le dirigeant leur donne envie de le suivre dans cette démarche en fixant un objectif clair. – **7.** a et d

Alphabet phonétique

Voyelles	Consonnes
[i] midi	[p] apprendre, papa, pain
[e] nez, dîner, les	[b] bon, robe, bain
[ɛ] être, belle, mère	[t] ton, thon, triste
[a] à, patte, femme	[d] doigt, addition, dent
[ɑ] pâtes	[k] que, d'accord, cou
[y] rue, sûr, sur	[g] seconde, gare, gorge
[u] août, où, goût, cou	[f] feu, fournisseur, éléphant
[o] piano, hôpital, mot	[v] vue, voler, vendredi
[ɔ] homme, bol, maximum	[s] leçon, six, fils, imagination
[ə] je, monsieur	[z] deuxième, zoo, zéro
[ø] déjeuner, peu, œufs	[ʃ] schéma, choisir, chat
[œ] œuf, peur, œil	[ʒ] jeudi, je, étage
[ɛ̃] main, faim, sympa, examen, fin	[l] elle, la, ville, lire
[ɑ̃] ensemble, tante, lentement	[m] pomme, moi, mot
[ɔ̃] ton, bon, pompier	[n] nuit, année, automne
[œ̃] un, brin, parfum	[ɲ] oignon, agneau, mignonne
	[ʀ] rhume, rue, roi

Semi-consonnes*

[j] fille, travail, yaourt

[ɥ] aujourd'hui, cuisine, lui

[w] jouer, oui

*La semi-consonne est toujours accompagnée, **avant ou après**, d'une voyelle prononcée.

Achevé d'imprimer en France par la Nouvelle Imprimerie Laballery en avril 2025
Dépôt légal : juillet 2016 – Édition n° 07– 89/6364/0
N° d'impression : 503688
Imprimé en France

La Nouvelle Imprimerie Laballery est titulaire de la marque Imprim'Vert®